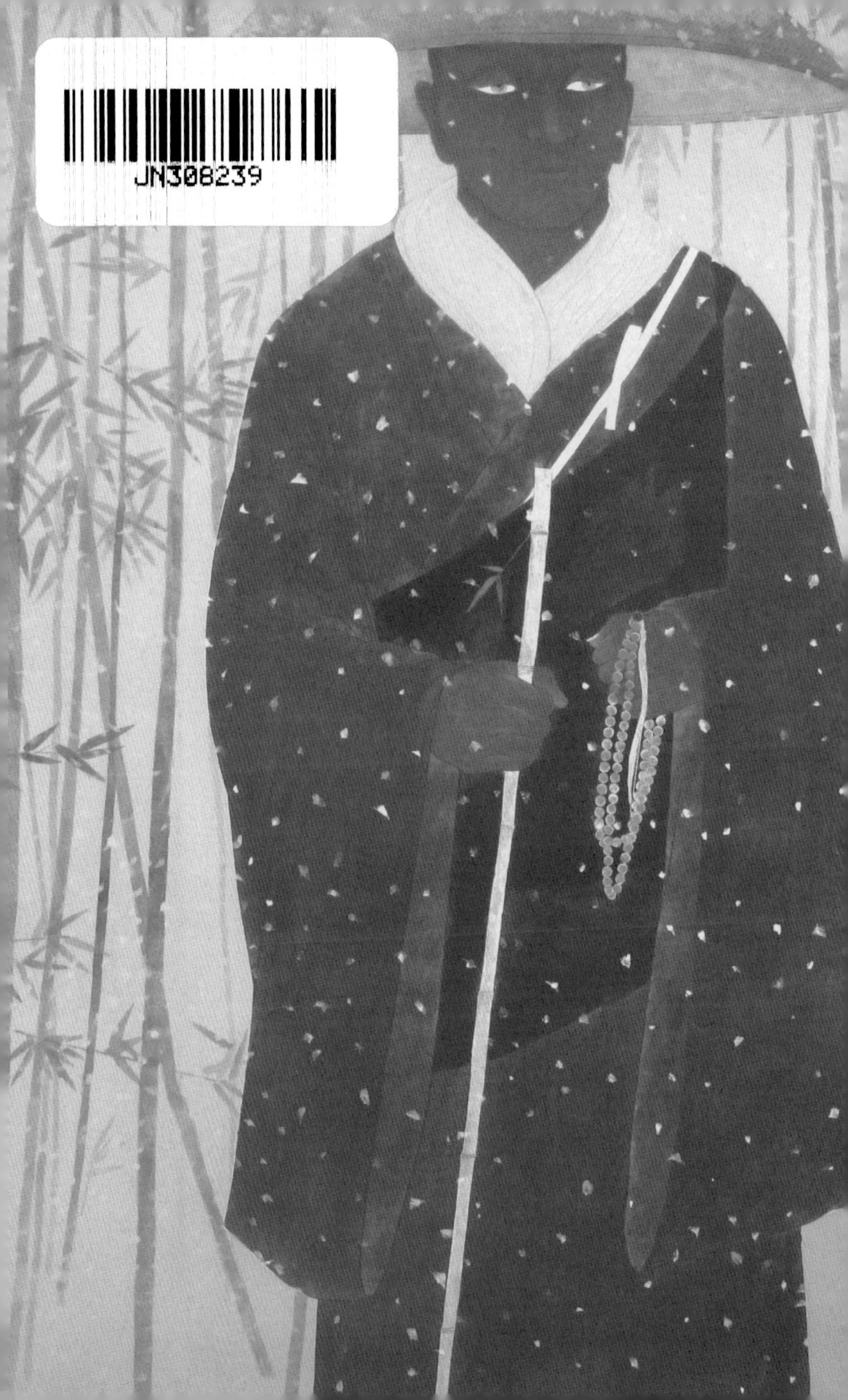

仏教のさとりとは

釈尊から親鸞へ

恩師山口益先生の学恩を憶念しつつ

はじめに

親鸞聖人（以下「親鸞」と略称）の主著は、『顕浄土真実教行証文類』（以下『教行信証』と略称）六巻である。その第一巻が「顕浄土真実教文類」（浄土を顕らかにする「真実教」文類）であり、第四巻が「顕浄土真実証文類」（浄土を顕らかにする「真実証」文類）である。本書は、この二巻に対する考究と解釈である。本書において展開されるであろうこの二巻に対する論究、いわゆる、近代仏教学によって解明された学問の成果に立脚した、親鸞の「念仏成仏の教え」に対する考察と解釈は、これまでの『教行信証』の研究においてなされたことはなく、これからもなされないかも知れない。その意味で、私にとって畢生の書となるであろう。しかしながら、本書は、自論を主張し、他論を批判するための論究ではない。図らずも、恩師山口益先生のご教導の下で近代仏教学の学びに出遇い、その学びに基づいて、教主世尊（釈尊）の正覚（証）に出遇い、親鸞の真宗に出遇った者として、自らの信解による了解を提示するだけである。間接的に他論を批判する結果となる部分もあるかと思うが、他論は他論として、その人の信解による了解であり、それを排除しようとした結果ではない。

ところで、本書に展開される論究の基礎となっている近代仏教学とは、簡潔にいえば、大谷大学第二代学長南条文雄先生によって日本にその第一歩が踏み出された、西欧の近代的学問による仏教研究、すなわち、仏教に対する思想、歴史、言語などを内容とする比較文献学を基本とする研究である。それは、仏教思想に関しては、日本における江戸時代までの各宗において独自に展開されてきた宗学の壁を取り払って、それらに通底する仏道体系を学問的に解明しようとするものであった。この近代仏教学的研究は、当初から評価されていたわけではない。かつては、日本では「仏教研究は盛んであるが、仏教は盛んではない」と、各宗の宗学の立場から批判され、時には無視された経過的時代もあった。しかし、近代仏教学によって蓄積されてきた学問業績が次第に熟成され、現在では、日本国内だけではなく国際的にも、その学問的成果を無視しては仏教は語れなくなっている。当然のことながら、かつての中国・日本における各宗の宗学も、この近代仏教学による学問の成果を無視したならば、現代の一般世間に通用しない前近代的な宗学の中での公開性のない排他的な教学に止まる他はない。真宗教学も例外ではない。残念ながら、今日に至っても、時代と共に深化され進展していく近代仏教学における学問的叡智を、単なる客観的なアカデミズムとして軽視し、主観的な信心の視点からと自称する独善的な教学の中に閉じこもってしまう宗学の現状がある。真宗教学においても、その状況はまだ残存している。

本書は、近代仏教学による仏教研究の成果に基づいて、このような教学の排他性と独善性から、真宗教学を解放していくことを目指して、親鸞の「真実証」を論究し、そのための「真実教」を明確にしようとする試みである。

本書では、近代仏教学によって明らかとなった、釈尊以来の仏道体系に基づいて、この問いに応答するために、まず、第一章において、釈尊の正覚に立脚した仏教における「証」を簡潔に確認した。詳しくは、拙著『大乗仏教の根本思想』（法藏館）、『小川一乗仏教思想論集』（法藏館）、『親鸞が出遇った親鸞』（筑摩書房、シリーズ『親鸞』第二巻）などにおいて論説した。

その上で、第二章においては「真実証」巻を考究・解釈し、第三章においては、その「真実証」のための「真実教」巻を考究・解釈することにした。

親鸞は、この二巻の劈頭において、次のように述べている。

それ、真実の教を顕《あらわ》さば、すなわち『大無量寿経』これなり。（聖典一五二頁）

謹《つつし》んで真実証を顕《あらわ》さば、すなわちこれ利他円満の妙位《みょうい》、無上涅槃の極果《ごっか》なり。（聖典二八〇頁）

ここに、「真実教」とは何か、「真実証」とは何かが、具体的に提示されている。しかしながら、このような具体的な内容はどうして可能なのか、どうしてこのように提示できるのか。この問いに対して正確に応答するためには、まず、仏教における「証」についての確認が、前提とならなければならない。

改めて確認するまでもないが、『教行信証』とは何を表明している書題であろうか。一般的には、『教行信証』における教・行・信・証の関係は、まず教（教法）があり、その教に基づいた行（修行）があり、その行によって得られる証（証覚）がある。そして、その教・行・証に対する信（信解）がある。このような関係の中で、教・行・証は仏の側の課題であり、それに対する信は衆生の側の課題である。ところが、親鸞の『教行信証』では、行と証との間に信が置かれている。そのことについて、親鸞は具体的に説明していないが、私は、次のように納得している。すなわち、親鸞にとっては、「真実教」巻を論述する巻頭の中で、

往相《おうそう》の回向《えこう》について、真実の教行信証あり。（聖典一五二頁）

と述べられているように、行とは大行という往相回向としての念仏であり、信もまた大信

という往相回向としての真実の信心であり、それら私たちの行と信は、ともに如来の二種回向による私たちの往相回向のためのものである。したがって、教・行・証と同じく、信もまた仏の側からの二種回向によるものであるから、衆生の側の課題とはなりえない。しかも、如来の二種回向（本願力）による信（真実の信心）を基本としつつ、行なき信はなく、信なき行もないという、行信一体という了解に立っている。このことに関して、『教行信証』「総序」において、次のように、この行と信に値遇できた慶びが、親鸞によって表白されている。

特《こと》に如来の発遣《はっけん》を仰ぎ、必ず最勝の直道《じきどう》に帰して、専らこの行に奉《つか》え、ただこの信を崇《あが》めよ。ああ、弘誓《ぐぜい》の強縁《ごうえん》、多生《たしょう》にも値《もうあ》いがたく、真実の浄信《じょうしん》、億劫《おっこう》にも獲《え》がたし。たまたま行信を獲ば、遠く宿縁《しゅくえん》を慶《よろこ》べ。
（聖典一四九頁）

ともかくも、一般的には、教・行・証の関係については、教から行へ、行から証へということであり、証がその目的である。証を獲得するための教であり、行である。しかし、私たちにとっては、証とは何かということが明確にされていなければ、そのための教も行も成立しない。ともすると、証という目的に先立って教や行などがあると了解されるのが常識である。しかし、本書では、そのような常識を逆転して、教や行の結果として証があるのではなく、証という目的が明確にされることによって、そのための教があり行があるという視点に立って論究したい。なぜならば、釈尊によってすでに証が明確に提示されているのが仏教であり、それに基づいて私たちは、その証を知見することができるからである。そのためには、その証とはどのようなものであるか、その目的としての証が、まず明確にされなければならない。その上で、その「証」を獲得するための「教」とは何かが明確になる。そのとき、そこに知見される教・行・証が、単なる知識に止まることなく、私たち自らの生き方そのものとなって躍動する「信（真実の信心）」とならなければならないであろう。そのことについても、「総序」において、親鸞は、次のように表明している。

ここに愚禿釈《ぐとくしゃく》の親鸞、慶《よろこ》ばしいかな、西蕃《せいばん》・月支《がっし》の聖典《しょうでん》、東夏《とうか》・日域《じちいき》の師釈、遇《あ》いがたくして今遇《いまあ》うことを得たり。聞きがたくしてすでに聞くことを得たり。真宗の教行証を敬信《きょうしん》して、特に如来の恩徳の深きことを知りぬ。ここをもって、聞くところを慶《よろこ》び、獲《う》るところを嘆ずるなりと。

（聖典一五〇頁）

ここに「聞きがたくしてすでに聞くことを得たり」と、知見することを得た慶喜が吐露されている。このようにして、聞くこと（聞）によって、そこに「証」が知見され、それを獲得するための「教」が明らかにされ、それに対する私たちの「信」が「行」をともなって開発される。そのようになることこそが、私たちにとっての「真実証」であり、「真実教」である。

本書は、「真実証（証巻）」に対する考究、解釈が中心となっているのはそのためである。従来から「自教至証（教より証に至る）」といわれている。しかし、すでに『教行信証』の「証巻」において、「真実証」が顕示され自明となっているのであるから、それによって明確になる「真実教」であるという視点に立って、すなわち、本書では、「為教開証（教のために証を開く）」、あるいは、「開証顕教（証を開いて教を顕かにする）」という視点に立って、「真実証」への論究を基本とし、それに基づいた「真実教」への解読を試みた。すなわち、「自教至証」という従因向果ではなく、「為教開証・開証顕教」という従果向因という視点からの論究を試みることとした。

かつて私は、真宗大谷派における二〇〇三年夏安居講録「『顕浄土真仏土文類』解釈」（『小川一乗仏教思想論集』第四巻「浄土思想」所収、法藏館）において、『教行信証』六巻の中の第五巻「真仏土」を講究したことがある。そこにおいては、従来から真仏土は「証の中から開く」といわれているため、「真実証」から展開しているのが「真仏土」であるという視点に立って、「証巻」について簡単な論述をして、その序論とした。したがって、本書においで展開される「真実証」に対する論究に加えて、その序論を参照していただければ幸甚である。

仏教のさとりとは――釈尊から親鸞へ――　目次

凡例

一、『真宗聖典』（東本願寺出版）所収の文献については、それを依用し、原則として、延べ書き文で表示した。引用に際しては、「聖典」と略称した。

一、漢文は、原則として延べ書き文で表示した。

一、初期経典（阿含・ニカーヤ）所収の文献については、基本的には、山口益編『仏教聖典』（平楽寺書店）を参照した。ただし、『スッタニパータ』に限っては、『ブッダの詩一』（講談社）を参考にした。

一、『大正新修大蔵経』を参照した場合は、原則として、それを延べ書き文にして引用した。引用に際しては、「大正」と略称した。

一、『真宗聖教全書』は、「真聖全」と略称した。

一、漢字は、特別な用例以外は、常用体のあるものは常用体を使用した。

仏教のさとりとは——釈尊から親鸞へ——

第一章　釈尊における「証」とは何か

一、縁起の道理

釈尊の「証」については、かつては、月が雲霧に覆われて光を失っていたように、その意味が問われないままに言葉だけが空虚に語られていた。しかし、近代仏教学の学問的成果によって、その雲霧が次第に雲散霧消して月が光を放つように、仏教に通底する釈尊の「証」（等正覚）の基本が明らかとなり、その仏道体系も提示できるようになった。その内容については、先に「はじめに」の中で提示した拙著において詳細に論究したので、ここでは、それを要約して説示する。釈尊の「証」については、『仏説無量寿経』（以下『大経』と略称）とその異訳本である『無量寿如来会』（以下『如来会』と略称）において、その「序文」に釈尊の伝記に倣った菩薩の生涯が華麗に物語られているが、その終わりの処で、『大経』では、

等正覚《とうしょうがく》を成り、滅度《めつど》を示現すれども、（成等正覚　示現滅度）（聖典四頁）

と説かれ、また、『如来会』では、

仏道を成じて、涅槃《ねはん》に入ることを見す。（成仏道　見入涅槃）（真聖全一、一八五頁）

と説かれている。この一文は、「釈尊は、三十五歳のときに、等正覚（仏道）を成し遂げて、八十歳で入滅するときに、身をもって滅度（入涅槃）を示されるべきである。「等正覚（仏道）を成し」、生涯の終わりに「滅度を身をもって示された」と解釈されるべきである。」（『大経』）と説かれ、「目の前で涅槃に入られた」（『如来会』）と説かれている。この中で、等正覚（samyak-saṃbodhi）とは、その語の如く、誰にとっても「正しく等しい覚り」という意味であり、釈尊の正覚（証）のことである。また、滅度とは、『大経』においても、そのサンスクリットは、mahā-parinirvāṇa（大いなる完全な涅槃）であり、大涅槃（無上涅槃）のことである。「滅度」という漢訳は「滅（寂滅・涅槃）に度った」という語意であり、到彼岸という意味となるが、どうしてこのような漢訳がなされたのであろうか。たとえば、『智度論』という書名の「智度」とは、「般若波羅蜜多《はんにゃはらみった》（prajñāpāramitā・智慧の至高性)」の意訳であると推定されている。この漢訳語例に従うならば、滅度とは「滅の至高性」という意味ともなる。ともかくも、滅度とは、親鸞による「真実証」においても、そのシノニムが種々提示されているその中の、「畢竟寂滅《ひっきょうじゃくめつ》」を意味している。

このように、浄土経典において、釈尊の等正覚(仏道)による「証」が成され、その「証」の内実である涅槃が、釈尊の入滅のときに完結・円満したことが説かれている。すなわち、「証」と「証」の完結という、仏教における「証」の二重性が示されている。浄土経典において、このような「証」の二重性が説かれていることは、浄土思想の特長を提示するものとして留意されるべきである。

さて、釈尊の等正覚は、「教」によって導かれた仏教における「証」の基本であるが、その「教」とは、「縁起《えんぎ》の道理」を基本としている。「縁起の道理」とは、『阿含経《あごん》』(ニカーヤ)において、次のような定型句によって、しばしば表現されている。

此れあるとき、彼れあり。此れ生じるとき、彼れ生じる。
此れなきとき、彼れなし。此れ滅するとき、彼れ滅する。

このような定型句によって提示されている、「縁起の道理」における「縁起」とは、「「他に」縁って生起していること」という意味である。あるいは、「此縁生果」（ここに結果として存在しているものは、必ず他との関係において成り立っている）とも説かれている。この「縁起」という道理を基本としている「教」によって、成立しているのが仏教である。この「縁起の道理」について、釈尊は、次のように語っている。

比丘たちよ、縁起とは何であるか。比丘たちよ、生によって、老・死あり。如来が世に出ますも出まさざるも、この道理は定まった理法であり、法として定まった性質のものであり、法として確定した性質のものであり、これ縁起の道理である。如来はこれを現等覚し、領解する。現等覚し、領解して宣説し、教示し、知らしめ、設立し、開顕し、分別し、明らかにし、そして『汝ら、見よ』という。

（山口益編『仏教聖典』一七一頁、平楽寺書店）

その縁起の道理に基づいて、釈尊が等正覚を成し遂げた成道の様子については、多くの仏典に様々に説かれている。たとえば、『方広大荘厳経』第九「成正覚品」に詳細に説かれているが、その内容に留意して、山口益著『仏教思想入門』（理想社）において、次のよ

うに、簡潔に、

ところで、仏陀にあっては、どういう経過において、迷妄を脱却したことの自覚である、そういう智慧が開発せられたのか。そのことをわれわれに説示するものは、仏陀が三十五歳の四月十五日満月の夜に〝さとり〟に到達した経過を記述する言葉である。すなわち、

仏陀は、彼に正覚の開発せられるその前夜に、初夜、中夜、後夜という夜の経過の中で、縁起の理法ということを繰り返し繰り返し思惟観察し、もって、明星の輝く暁において、やがて大空に輝き出る日輪のごとく、迷妄の暗黒を退散せしめたのである。

という。いうまでもなく、そこに問題となっているものは、彼が繰り返し繰り返し思惟観察した縁起の理法ということである。（『仏教思想入門』一〇〇頁）

と提示している。したがって、等正覚という「証」は、「縁起の道理（理法）」という「教」に基づいたものであることは顕かである。それでは、このような「縁起の道理」が、等正覚の基本原理として何故に説かれなければならなかったのであろうか。それは、この

経典にも詳説されているように、釈尊によって提示された、苦集滅道の四聖諦の考察による苦悩の原因の究明と、その苦悩の寂滅のために発見されたのが、この「縁起の道理」であったからである。すなわち、人間として生まれたが故に、生・老・病・死（四苦）に苦悩する人間存在の宿業と、その宿業の中で、人間のみに随伴する愛憎違順に呻吟しているその原因を究明し、同時にその苦悩から解放するための原理として、この「縁起の道理」は発見され、説かれたのである。

ともすると、私たちは、「私がいて、私が生きている」と、それを当然のこととしている。これが他と関係なく独存している「私」であると思い込んでいる。このような「私は存在している」という思い込みの根拠となっているのが、自我（仏教では「我」という）の存在である。たとえ、自分が他者とのつながりの中で生きていると自覚したとしても、他者より独立した自我を前提とした自分である。この「私は生きている」という「私」なる自我によって、曠劫よりこのかた、私たちを生死に流転せしめている人間の業に束縛されているために、人間のみが生・老・病・死（四苦）に苦悩する存在となっている。このように釈尊は、人間のみに付随するこの四苦を問い、この自我を問題とした。

なぜならば、第一には、当時のインドにおいて常識となっていた輪廻（生死）に転生しなければならないという、私たちの流転輪廻という根源的な苦悩は、この自我を前提としてありえているからである。「私は生きている」という前提によって存在している自我があるかぎり、輪廻からの解放はありえない。

第二には、親鸞が、『正像末和讃』に、

無明《むみょう》煩悩《ぼんのう》しげくして　塵数《じんじゅ》のごとく遍満《へんまん》す
愛憎違順《あいぞういじゅん》することは　高峰岳山《こうぶがくさん》にことならず

（聖典五〇一頁）

と詠われているように、私たちが日常生活の中で愛憎違順に呻吟する煩悩は、人間の分別によってもたらされるが、その分別の根源も自我である。そのために、人間のみが、自分の思い通りに生きようとして、思い通りにならない生・老・病・死に苦悩する。また、善を行い悪を行わないという、人間同士の約束の通りに生きようとして、その通りに生きられないで苦悩する。いずれにしても、その苦悩の原因は、「私」という自我にある。釈尊はその自我を問い、その束縛からの解放を求めた。その自我については、西洋哲学では、十七世紀にフランスの哲学者デカルト（René Descartes, 1596~1650）による「自我の発見」といわれている「私は考える、ゆえに私は存在する」という命題があり、これが哲学の第一原理とされている。これについては、たとえば、彼の『方法序説』において、次のように論じられている。

このようにすべてを偽と考えているこの私は必然的に何ものかでなければならない、と。そして「私は考える、ゆえに私は存在する」というこの真理は、懐疑論者たちのどんな途方もない想定といえども揺るがしえないほと堅固で確実なのを認め、この真理を、求めていた哲学の第一原理として、ためらうことなく受け入れられる、と判断した。

（谷川多佳子訳参照、岩波文庫、四六頁）

ここでは、世間におけるすべてのものについて、それは本当に存在しているのかと、疑うことができるが、疑っている私自身の存在は疑うことができないという命題によって、自我が想定されている。この命題は、「自我は存在しなければならない」という哲学の第一原理とされている。ここでは、「私は考える」ことにおいて、その背景に自我が仮設されているのであるから、それを普遍的に表現すれば、人間に特有な観念や概念の基本として自我が仮設されていることになる。したがって、「私は考える」という人間に特有な観念や概念を持つことのできない、人間以外の生き物には、自我は稀薄な存在となるか、あるいは、まったく存在しないことになる。そのような自我の根源について、デカルトは、神があり、存在すること、神が完全な存在者であること、われわれのうちにあるすべては神に由来すること。その結果として、われわれの観念や概念は、明晰かつ判明であるすべてにおいて、実在であり、神に由来するものであり、その点において、真でしかありえないことになる。

（谷川多佳子訳参照、岩波文庫、五四頁）

とも述べている。

神の実在を前提とすることによって、私たちの自我も理性も神から付与されているのであり、それに基づく観念や概念は実在である。したがって、「私は考える。ゆえに私は存在する」という命題も、哲学の第一原理としてありえると、ここに論じられている。

釈尊は、この自我からの解放を求めて出家した。そして六年間の苦行という実験によって、苦悩の原因である自我の消滅を図った。そして苦行を棄てた。苦行によっては、自我を消滅する知見を獲得することはできなかったからである。釈尊は、苦行を棄てたことについて、次のように語っている。

このような振る舞い、このような実践、このような難行をもってしても、わたしは常人の法を超えた、きわ立ってすぐれた、聖者の知見を獲得することはできなかった。

それはなぜであるか。そのための聖なる智慧がまだ獲られていなかったからである。この聖なる智慧が獲られたなら、それはすなわち聖なる導きであり、それに従って実践する者は正しく苦の消滅へと導かれるのである。

（山口益編『仏教聖典』三八頁、平楽寺書店）

ここに語られている「聖なる智慧」とは、「縁起の道理によって開発された等正覚」のことである。このようにして苦行は捨てられ、その結果、「聖なる智慧」によって、「私が生きている」のではなく、生きとし生けるものはすべて、さまざまな因縁によって「生かされている私」として存在している、因縁所生であるという事実に目覚めた。この「聖なる智慧」によって、「私が生きている」という思い込みにおける「私」を成り立たしめていた自我の根拠は消滅し、輪廻に流転しなければならないという根源的な苦悩も、愛憎違順という現実的な苦悩も、その立脚地が失われた。したがって、釈尊の「教」とは、この縁起の道理を発見して、理論的に自我の存在を否定した「聖なる智慧」、等正覚の上に成り立っている。この道理によって、必然的に、近・現代の私たちにとって常識となっている、自我に基づいた理性も根拠を失う。理性を前提としている倫理・道徳も、成り立たなくなる。ここに自我は崩壊し、因縁所生の自己が誕生する。私たちは、おのおの各自の因縁（業縁）のままにしか生きていない「生かされている私」を、業縁のままにしか生きられないと目覚めるとき、自我を根拠としない新たな自己存在の誕生がある。

特に近代的自我は、善と悪とを分断し、善のみに生きるべきであると、善を賛美し悪を排除する理性を絶対視するが、そのような自我を前提とした理性の束縛から解放され、善と悪とに固執することなく、同じ宿業を生きる者として、それらを共に引き受けて生きあっていく世界が開かれてくる。かくして、自我によってもたらされていた、輪廻転生や愛憎違順などのすべての苦悩は根拠を喪失し、「聖なる導き」によって、「苦の消滅」した涅槃への道が開かれてくる。それが仏教の三法印（諸行無常、諸法無我、涅槃寂静《じゃくじょう》）の一つである「涅槃寂静」という法印である。法印とは仏教の旗印のことである。

ここに、他との関係なくして単独に存在する自我はありえないことが、「縁起の道理」によって明かになった。それが三法印の一つである「諸法無我」である。これは、世間に存在するすべてのものに自我はないという確定である。「私がいて、あなたがいる。あなたがいて、私がいる。私がいなければ、あなたはいない。あなたがいなければ、私はいない。単独に存在する私はいない。単独に存在するあなたはいない。そのようにして、私とあなたは、現にいま存在している」と。これが「縁起の道理」の定型句によって明らかになった、自我を前提としない私たちの存在の在り方である。これが、私たちは相互に生き合っている関係性の中でしか在り得ていないという、私たちの「いのち」の事実である。この事実が確認されてこそ、人間は人間の宿業に目覚め、そこに苦悩の原因を見極め、そこから解放されて生きる者となる新たな自己の顕現である。

このように、私たちの「いのち」が相互に関係存在であることについて、龍樹菩薩は、次のように説いている。

父は子ではなく、子は父ではなく、しかも、この両者は「父は父として子は子として」相互に存在しないのでもなく、また、この両者は同時に単独で存在するものでもない。

（『空性七十論』十三偈）

二、縁起と涅槃

釈尊の「教」は、「縁起の道理（理法）」を基本としている。その「縁起の道理」によって、私たちは、「生かされている私」として在り得ているだけの存在であることが明らかとなった。それを縁起的存在という。縁起的存在として「生かされている私」は、「私が生きている」という自我的独存ではなく、したがって、無我（我れ無し・単独の存在としての私はいない）と知見されたとき、自分の思い通りに生きたい、自分の思い通りに生きなければならないという、自我の束縛から解放される。仏教が説く私たちの煩悩とは、そのすべてが、自分の思い通りにしたいという自我によって発生する、様々な苦悩の表現である。それらの煩悩から解放されて、涅槃に向って生きる者となる。たとえば、釈尊は、次のように、

不生、不老、不病、不死にして、このうえない安穏なる涅槃を証得した。

（『聖求経』パーリ阿含経『中部』、大正二、八四五頁中、参照）

と説いている。これは、釈尊が等正覚を成し遂げたときのことを記録した中にある、有名な教説である。「不生、不老、不病、不死」というのは、「私がいて、私が生きるのではなく、私が老いるのではなく、私が病むのではなく、私が死ぬのではない」という事実を指している。その事実に目覚めて、「生かされている私」であることを知見した者は、生・老・病・死に対する自我による苦悩から解放されて、「生かされている私」のままに、それを引き受けて生きていく涅槃の世界が開かれてくる。そこに安らぎがある。そのような

「安穏なる涅槃を証得した」のであると。また同様に、釈尊は、

仏教の真理に基づいて「等正覚」の智慧ある出家者が、［自我］の欲求による欲望から離脱して自由になるとき、不死、安穏にして、もはや死にゆくことのない涅槃の真実在を証得する。

（『スッタニパータ』二〇四偈）

とも説いている。龍樹菩薩もまた、次のように、

無明を縁として生じ［滅し］ているものには、正しい知識をもって観察するとき、生も滅も何らのものも認識されないであろう。それこそが［釈尊によって説かれている］「現在世における涅槃」であり、「成すべきことが成されたこと」である。

（『六十頌如理論』一〇～一一偈a～b）

と説いている。これらの中に説かれている涅槃（nirvāṇa）とは、「吹き消された状態」という語意である。その意味は、「燃えさかる煩悩の火を滅尽した境地」であり、それは「証」が完結した境地としての究極的な実践目標である。したがって、神秘的な特定の精

神状態とか、虚脱して放心となっている無心状態とか、そういう心理的な事柄ではない。「縁起の道理」によって我が身の事実が如実に知見されたとき、生死の中に身を置きながら、生まれた「私」もなく、死ぬ「私」もないと、生死を「生かされている私」として引き受けて生きる者となる。そこに自然ともたらされる安穏のことを、釈尊は「涅槃」と呼称している。

さらにいえば、涅槃とは、人間の業に目覚めることなく、無明によって生死（輪廻）に流転していたが、生死に流転する「私」は存在しないと知見されて、生死のままで生死が流転でなくなった状態、生死に身を置きながら生死を超えた世界の発見である。それが、生と死の中に生きながら、不生が知見され、不死が知見された、生死から解放された世界である。それが涅槃という寂滅・寂静の世界である。すなわち、生死とは無明によって、「生きていたい、死にたくない」と苦悩しつつ、「私が生まれ、私が死んでいく」世界であると思い込んでいたが、そうではなく、本来的には様々な因縁のままに「生かされている私」が、仮初めに存在する世界であったという知見によって覚醒された世界である。それが身の事実としての、涅槃の世界である。私たちは、この生死の世界に生きているが、それは縁起的存在としての仮の私を生きているのである。身の本来的な在り方としては、「私」は他と無関係に単独には如何なる存在としてもありえていない。無我である。様々な因縁による関係性によって、仮初めに生死を生きている私がいるだけである。

この知見に出遇ったとき、私たちの胸中に、自らの「いのち」への感動が自ずと沸き上がってくる。いままで煩悩に束縛されたままに呻吟していた世界から解放され、安らかな世界へと身を置く縁起の道理に覚醒したからである。相変わらず、「私が生きている」という自我に振り回されて苦悩していても、それが人間の宿業としての無明によるものであると気付かされたからである。このことによって、煩悩に苦悩しつつも、その苦悩の原因を知り、その苦悩を引き受けていく縁起の世界に身を置くことができる。それをもっと宗教的に表現すれば、その私の苦悩すらも私を私たらしめている因縁として、「生かされている私」の中に包み込まれている世界が、そこに開かれてくる。

ちなみに、このような釈尊の知見に対して、当時のインド人においては、それに同意できない人たちもいた。それは輪廻転生を信じて未来世に生まれ変わったとき、よりよい世界に転生したいと、賢善精進・自力作善に励んでいる人たちであった。そのような人たちにとっては、「私」という自我は欠くことのできない頼りであり、その「私」が否定され、それは諸々の因縁による仮初めの縁起的存在・因縁所生であると説く釈尊の知見は、受け入れがたいものであったからである。

三、涅槃寂静

このように、私たちの「いのち」は、縁起的存在であるという事実に納得したとき、私たちは人間の宿業による束縛から自由になる。善いことをしなければならないという束縛（衆善奉行）からも自由になるし、悪いことをしてはいけないという束縛（諸悪莫作）からも自由になる。このような善悪の分別が消滅し浄められた、すなわち自我を前提とする自力の心が空無化された心の在り方が、「七仏通戒偈」に説かれている「自浄其意」である。「七仏通戒偈」とは、次のようである。

諸悪莫作《しょあくまくさ》　衆善奉行《しゅぜんぶぎょう》（もろもろの悪を作すなかれ　おおくの善を奉行せよ）
自浄其意《じじょうごい》　是諸仏教《ぜしょぶつきょう》（自らその意を浄《きよ》めよ　これが諸仏たちの教えである）

と説かれている、過去七仏に通徹する教戒である。この中の第三句「自浄其意」の意味を、どのように了解すべきかについて、それに関わる詳細な論究は、この一句に対する誤解・誤読への批判を踏まえつつ、山口益著『心清浄の道』（『空の世界』一三一頁以下、理想社）においてなされている。それを参照すべきであるが、その中の結論の部分で、次のように述べられている。

自浄其意という語の内容を究明してゆくと、その語は、普通考えられているように「われわれには清らかな心性・心の体があって、その清らかな心が濁っているから、その濁り穢れをとり払うて清浄にしてゆくのである」というような意味ではなくして、心の清浄とは言亡慮絶心行寂滅であるから、心を空無にするということになる。自浄其意が、玄奘訳で「自調伏其心」といわれるのは、実にこの「心の空無・心を克服すること」を示すのである。すなわち自力の否定である。それが仏教でいう信心であり、云々。

（『空の世界』一六八頁）

ところで、このように心が善悪の分別から解放されると、人は放逸になるのではないかと懸念するかも知れないが、それは無用である。そのことと関係なく、放逸になる因縁が我が身となれば、放逸になるだけである。このことについて、親鸞は、次のように、

なにごともこころにまかせたることとならば、往生のために千人ころせといわんに、す

なわちころすべし。しかれども、一人にてもかないぬべき業縁なきによりて、害せざるなり。わがこころのよくて、ころさぬにはあらず。また害せじとおもうとも、百人千人をころすこともあるべし。
（『歎異抄』第十三章、聖典六三三頁）

と仰せになったと伝えられている。業縁とは、人それぞれの独自の因縁のことである。また、それに続いて、

さるべき業縁のもよおせば、いかなるふるまいもすべし。
（『歎異抄』第十三章、聖典六三四頁）

とも仰せられている。このような自由の境涯である。不要善、不懼悪の世界である。これは、人間はかくあるべし、かくあらねばならないという、理性信奉を前提としたヒューマニズムから解放された世界でもある。これこそが、先にも述べた自我崩壊による新たな自己存在の誕生である。釈尊は、そういう善悪の分別から解放されて自由な境地を、「涅槃」と表現した。これこそが、第四句の「是諸仏教（これが過去七仏の諸仏たちの教えである）」ということである。

このように、涅槃という語で説かれようとしているその内実は、私たちが縁起的存在であるという、「教」に出遇うことによってもたらされる境界である。そのことに目が開かれたとき、いままで不安であったり、恐ろしいと怯えていたりしていた人間であるが故の悩みから解放されて、それを引き受けていける心境になり、安らかになる。人間の業を生きる限り、決して悩みがなくなってしまうわけではないが、その苦悩をあるがままに、縁起として引き受けていける、真実に目覚めたことによる安らぎである。釈尊は、それを涅槃と説いた。それを論理的に表現すれば、これまで述べてきたように、様々な因縁によって縁起している「いのち」の在り方への目覚めと、その縁起のままに生きようと覚悟するところに、実現されるのが涅槃である。

この涅槃については、釈尊入滅のときに、帝釈天によって説かれたと伝承されている「無常偈」が参照されるべきであろう。

諸行《しょぎょう》無常《むじょう》（諸行は無常である）
是《ぜ》生滅法《しょうめっぽう》（是れは生じては滅するものである）
生滅滅《しょうめつめつ》已《い》（生じては滅することが滅しおわって）
寂滅《じゃくめつ》為《い》楽《らく》（寂滅を楽となす）

これは、この章の最初に留意した『大経』において、釈尊が入滅するときに「滅度（大般涅槃）を示現された」と説かれていることに重なる。

ところで、この偈については、山口益著『仏教思想入門』（理想社）において、次のように、

ここでは五蘊の中の行蘊が、「諸行」といってとりあげられて、人間の現存在のすべてが表示せられている。従って、「諸行」とは、縁起せるもの、すなわち相互に関係しあい・条件づけられた状態にあるものという意味で、そういう条件づけられた状態にあるものは、条件のおかれ方でうつり変わる（無常）。条件がそなわっていなければ消え失せてゆく。これが人間存在に関する事々物々の上に定まっている自然（おのずから）な道理である。それがおのずからなまことの道理であることがわかってみれば、「ものがうつり変わり消え失せてゆく」そのままに、さからわず随順していくことが寂静であり、そこに安定があり、悦楽がある。おのずからな道理に逆おうとするところに闘争があり苦悶があるが、逆わず随順してゆくところが寂滅為楽である。寂滅為楽とは、無常の道理そのままの展開が正覚の境地である他はないということである。

（『仏教思想入門』一六三～一六四頁）

と解説されている。この内容については、これまで説明してきた論旨と重なり、あらためて説明するまでもないであろう。

四、大般涅槃（滅度）

ところで、「無常偈」は釈尊の入滅のときに、その入滅を讃嘆して帝釈天によって説かれたとされているが、その場合の入滅とは、大般涅槃（滅度）のことで、それは涅槃の完結を意味している。また、畢竟寂滅（完全な寂滅）のことである。ここに、山口先生によって端的に解説されている、縁起的存在としてこの世に存在している間における涅槃と、入滅による涅槃との関係はどのようであるのか。いわば、生死を生きている間の涅槃と、生死を離れたときの涅槃との関係である。仏弟子たちは、これを有余依涅槃（身体がある間の涅槃）と、無余依涅槃（身体が無くなった後の涅槃）と呼んでいる。それらの関係は、縁起的存在における涅槃は、入滅における大般涅槃において完結するという関係である。

もうすでに説明したように、縁起的存在とは、私という存在がまず存在していて、その私が様々な因縁と関わり合って、それらの関係性の中でただ今の私が存在しているということではなく、諸々の因縁によって私という存在が、仮初めな私としてただ今ありえているということである。諸々の因縁とは別個に、私が独存しているということではなく、私は本来的には諸々の因縁とは別個に存在していないということである。すなわち、私が因縁に支えられて存在しているということではなく、因縁が私となっているということである。したがって、私を私たらしめている因縁以外に私は存在しない。それを龍樹菩薩は「空」と説いた。龍樹菩薩が説く「空」については、その自著『空性七十論』に詳説されている。その中で、たとえば、きわめて明快に、次のように説いている。

自性をもっていかなる存在も存在しない。この世には「自性をもっての」非存在も存在しない。実に、因と縁とより生起した存在と非存在とは「空」である。（六七偈）

ここに説かれている自性とは、「自らの本質」ということであり、自我に他ならない。因縁によってなりたっている縁起的存在である私たちは、本来的に「空」であると、そのことに目覚めよと、龍樹菩薩は喝破した。ここに「空」というのは、原語はśūnya（数学におけるゼロを意味する語）であり、虚空（ākāśa）という意味ではない。虚空は、世間的存在としての一つの要素であるが、空・ゼロはその世間的存在のすべてを勝過した在り方の一つの表現である。たとえば、世親菩薩の『無量寿経優波提舎』（以下『浄土論』と略

称）に、

観彼世界相　かの世界の相を観ずるに、
勝過三界道　三界《さんがい》の道に勝過《しょうが》せり。
究竟如虚空　究竟《くきょう》して虚空《こく》のごとく、
広大無辺際　広大にして辺際《へんざい》なし。

（聖典一三五頁）

と説かれている。ここに明らかなように、「かの世界」である浄土は、「三界」によって成り立っている世間を勝過して究竟していることを、たとえば、虚空が広大であって辺際がないようなものであると、私たちの認識のレベルで、浄土は虚空のようなものであると譬えている。したがって、浄土が虚空なのではない。虚空は三界を構成する要素であり、その三界を勝過しているのが浄土であるからである。すでに明かなように、私たちは諸々の因縁によって、ただ今の一瞬として仮初めに世間的に存在しているが、本来的にはその世間を勝過して空・ゼロである。そのことを大乗仏教では、本性空性（本来的に空である）と説いている。

ともかくも、釈尊の説く「縁起」とは、私たちの「いのち」は縁起的存在であり、本来的にはゼロ（空）であることを内実としている。そのことに基づいて、私は単独で存在しているのではなく、我れ無し、無我であると、縁起・空・無我が仏教の基本的な「教」による「証」である。この点について、たとえば、釈尊は、次のように、

つねに瞬時をおかず、あるがままにこの存在を自覚しつつ自我に固執する見解を打ち破って、ここなる世間的存在は「空」であると観ぜよ。そうすれば、「私が死ぬという」死を乗り越えることができるであろう。このように世間的存在を観る人を、死の王は見つけることがない。

（『スッタニパータ』一一一九偈）

と説いている。また、龍樹菩薩は、次のように、

本質として「空」であるとき、そのお方について、「仏陀は入滅後に存在する」とか、「存在しない」とか、と考えることは道理に合わない。

（『根本中論偈』二二章一四偈）

と説いている。これが仏教の「縁起の道理」という基本原理（「教」）による知見（「証」）である。したがって、私たちの死は、未来世に転生する生死の世界に生まれ変わるための

ものではなく、入滅である。この生死の世間に、仮初めに在り得ていた縁起的存在が「滅に入った」、本来的な空・ゼロなる涅槃・寂滅の世界に立ち返っていったということである。

これまで略説してきたように、釈尊の等正覚は、「縁起の道理」に基づいて成しとげられた。この釈尊の等正覚こそが、仏教における「証」であり、その等正覚によって大般涅槃（滅度）に至ることが「証の完結」である。このことが、本章の最初に提示したように、『大経』（浄土経典）において、

等正覚を成り、滅度を示現すれども、（成等正覚　示現滅度）（聖典四頁）

と説かれているのである。

五、釈尊の入滅

釈尊は、自らの入滅において証大涅槃を実現したのであるが、この釈尊の入滅という事件は、仏弟子たちをして大変深刻な問題に直面せしめた。いうまでもなく、仏教は仏法僧

の三宝に帰依することを基本としているが、釈尊の入滅とは、その三宝の主要である仏宝の消滅であり、それをどのように引き受けていくかという深刻な課題に直面したといえるからである。そのために、仏弟子たちは、八十歳で入滅した肉身の釈尊を超えた永遠の存在としての釈尊、すなわち、超人化した釈尊、神格化した釈尊を仏宝とした。

周知のように、仏弟子たちが、釈尊入滅後、その姿を彫刻しなかったのも、そのためであったとされている。大乗仏教が興起する頃まで、すなわち釈尊入滅後、三百年余りを経るまで、釈尊の姿は彫刻されていない。たとえば、紀元前二、三世紀頃に、インドを統一し仏教に深く帰依したアショーカ（Asoka）王によって作られたサーンチーの仏塔の欄楯には、釈尊に関わるさまざまな事跡が彫刻されているが、そこには釈尊の姿は見当たらない。たとえば、釈尊の等正覚という事跡は、金剛法座と菩提樹を描いて、そこに釈尊の存在をほのめかし、初転法輪という説法の事跡は、法輪とそれに対して合掌している人びとを描いて、そこに釈尊の存在をほのめかしている。そのように、釈尊の姿を直接に彫刻せずに、釈尊の大切な事跡を描いて、そこに釈尊の存在をほのめかすという手法が続いたのも、そのためであった。超人化・神格化した釈尊を、人間の姿で描くことを避けたのであると推測されている。しかし、それだけではなく、仏宝として釈尊は入滅したけれども、釈尊の等正覚や初転法輪などの情景を通して、人間としての釈尊を礼拝するというよりも、釈尊をして釈尊たらしめた事跡を、大切にしたためであったともいえる。このことは、釈尊の生涯を綴った仏伝（仏陀の伝記）が、釈尊入滅の後、二百五十年ほどを経てから説かれるようになったことと重なるであろう。仏教は、釈尊の生涯が基本となっているのではなく、釈尊をして釈尊たらしめている等正覚（証）が基本となっている宗教である。したがって、釈尊の等正覚とは何かを問い続けてきたのが仏教の歴史であり、このことを抜きにして仏教は成り立たない。ちなみに、これに対して、キリスト教は、神の子であるイエスが様々な奇蹟を行い、十字架の上で死んで、三日後に復活したということを信じる宗教であり、イエスの生涯が基本となっている宗教である。

このような仏弟子たちによって作り上げられた、超人化・神格化された釈尊というイメージは、その後の大乗仏教によっても引き継がれていく。大乗仏教が興起する頃になってから、釈尊の姿が描かれるようになるが、そこでも超人化・神格化された釈尊像となっている。具体的には、三十二大人相といわれる、眉間に白毫相があるなどの顕著な身体的特徴とか、八十随形好といわれる、手足や胸に卍字相があるなどの微細で隠密な身体的特長が基本となっているのが、釈尊像である。

六、法身としての釈尊

仏弟子は、八十歳で入滅した肉身としての釈尊ではなく、釈尊をして釈尊たらしめた事跡の中に、仏宝としての釈尊を見たのである。すなわち、仏法の真実を具現化した、法身としての釈尊という観念が思想的に形成される。これによって、肉身としての釈尊から、法身としての釈尊へと仏宝が変換されていく。この法身としての釈尊という観念は、初期仏教においてすでに課題となっていたが、大乗仏教においてそれが思想化され、さらに深化されていく。たとえば、『金剛般若経』（第一周第三断疑「第八依法出生分」）に、次のように、

> 等正覚したまえる尊敬すべき如来たちの無上なる等正覚は、仏法より生じたものである。そして諸仏世尊も仏法より生じるのである。
>
> （『大乗仏典』一、二〇頁参照、中央公論社）

と説かれている。ここにいう「諸仏世尊」とは、この世間に出現したとされる過去七仏と

世尊のことであろう。ここに、釈尊をして釈尊たらしめた、仏法の真実性が説かれているが、その仏法の智慧の真実性を法身と表現し、法身と肉身との関係が仏身論として展開されていく。ちなみに、法身としての釈尊を仏宝とすれば、三宝における仏宝と法宝との区別が曖昧になるのではないかと懸念されるが、法宝とは、言語とか思想とか芸術とか、いろいろな表現で、具体的に私たちが接することのできる世間的な存在としての仏法のことであり、その背景には、仏宝と同じく法宝をして法宝たらしめている仏法の真実性がある。

このように、釈尊をして釈尊たらしめている、根源的な仏法の智慧である「証」の真実性、それを法身と表現するようになり、そして、その法身が具体的に世間的な存在となったのが釈尊であるという関係が成立する。言葉を換えて表現すれば、法身とは仏法の智慧そのものであり、その智慧が一切衆生への目覚めを促す慈悲となってはたらき出生したのが釈尊である。この法身が、大乗仏教ではさまざまに説かれるようになるが、大乗仏教の中期の経典である『涅槃経』などでは、「法身常住」と説かれ、肉身としての釈尊は入滅したけれども、法身としての釈尊は常住であると説かれている。常住であるということは、釈尊と同じく今もなお、常に説法をしているということである。

その法身が、一切衆生への目覚めを促すはたらきとして展開し、そのはたらきがこの世間に釈尊を誕生せしめたという仏身論として展開するようになる。そして、その仏身論ににおいて、法身のはたらきのことを、法身から分けて報身と名づけられ、法身の智慧が慈悲として動向していく能動性・精神性が報身とされ、その結果として、化身としての釈尊が誕生したという、三仏身説が展開されていく。その報身の、具体的な仏名の代表が阿弥陀仏である。『仏説阿弥陀経』（以下『小経』と略称）に、

阿弥陀と号す。いま現にましまして法を説きたまう。（号阿弥陀、今現在説法）
（聖典一二六頁）

と説かれているのも、ここに由来している。法身が報身としてはたらき出て、その結果、釈尊という化身が現在世に出現した。ここに、一切衆生への目覚めを促す法身の能動性・精神性が、報身としての阿弥陀如来であるが、その具体的な内容が本願である。したがって、本願は智慧から慈悲への動向においてあり得ている。阿弥陀如来の本願について、ともすると、本願がすべての始まりのように考えられることもあるが、そうではなく、大乗仏教の仏道体系においては、本願は釈尊の等正覚による智慧の必然的な動向としての慈悲のことである。それが、阿弥陀如来の本願として『大経』に説かれている。そのことへの正確な了解が求められる。

以上、釈尊の入滅という事件から展開された、仏身論における阿弥陀如来の位置を確認したが、その阿弥陀如来の本願の中に説かれている「証」が、親鸞にとっての「真実証」である。

第二章　親鸞における「真実証」とは何か

一、証から真実証へ

上来の説明で、仏教における「証」とは何かということについて、一応なりとも了解できるのではなかろうか。それでは、次に問題となるのは、釈尊の説法を聞いて、「証」を知見した私たちが、その「証」を自らにおいてどのように体現していくかという課題である。それについては、第一章の劈頭ですでに見たように、『大経』に、

等正覚を成り、滅度を示現す。（成等正覚　示現滅度）（聖典四頁）

と説かれ、また『如来会』に、

仏道を成じて、涅槃に入ることを見す。（成仏道　見入涅槃）（真聖全一、一八五頁）

と説かれている。この「成等正覚　示現滅度」と「成仏道　見入涅槃」の二句によって、そのことが簡潔に暗示されていた。浄土経典においてこのように説かれていること、すなわち、等正覚（仏道）と滅度（入涅槃）という「証」の二重性は、以下の論究に基本的な示唆を与えている。

初期の仏典によると、釈尊の説法を聞いて、それに同意した仏弟子たちは、「証」を知見したにもかかわらず、生涯をかけて修行に専心した。それは何のためであったのか。要するに、「証」を知見しながら、「証」の通りには生きていない自分の現実があったからである。「生かされている私」に目覚めながら、「私が生きている」という自我の束縛から解放されずに、煩悩に苦悩している自己がいよいよ明らかになってくる。その煩悩との戦いこそが、仏弟子たちの修行であったといってよい。このことに関して、仏弟子たちの修行は、「証」（等正覚）を得るための修行であると一般的にいわれているが、しかし、そのことは再考されるべきである。「証」が知見されず不明のままでの修行は、たとえていえば、ゴールが不明なままのマラソンとなってしまう。そうではなく、釈尊の説法によって、「証」はすでに知見され得られているからこそ、それを自らに体現するための修行であったというべきである。

仏弟子たちの修行について、三十七覚支などの詳細な項目が設定されているが、それを最も端的に表現しているのが、戒・定・慧の三学である。それについて、山口益編『仏教聖典』（平楽寺書店）は、『阿含（ニカーヤ）』に見いだされる複数の所説を勘案し、次のように要約して説いている。

戒と共にあまねく修められた定は、結果も大きく利益も大きい。定と共にあまねく修められた慧は、結果も大きく利益も大きい。慧と共にあまねく修められた心は、愛欲の煩悩、生存の煩悩、見解に関する煩悩、無知の煩悩というすべての煩悩から完全に解脱する。

智慧なき者に禅定《ぜんじょう》なく
禅定なき者に智慧なし。
禅定と智慧とを具えたる者は
実に涅槃に近づけるなり。

（『仏教聖典』二八九頁）

ここに、智慧（証）と禅定（修）によって、「証」が自らの上に体現される涅槃に近づこうとしている、仏弟子たちの真摯な求道を見ることができる。ここには、禅定と智慧とを具えて涅槃に至ったとは説かれていない。「涅槃に近づける」と説かれている。涅槃を体現した者ではなく、涅槃に向かって歩む者となるのである。ここに伺うことができるのは、禅定によって智慧が得られるというような、禅定から智慧へという一方的な関係ではなく、智慧なき禅定はなく、禅定なき智慧もないという相互的関係である。智慧と禅定とが、一体となっている関係である。証修一如ということである。

このことは、道元禅師においても確認される。道元禅師は、当時の顕密仏教（天台宗と真言宗）に代表される聖道の諸教を批判して、禅道（只管打坐）による真正な聖道を目指したが、その主著『正法眼蔵』の第一「辧道話」の中で、「修証一等（座禅をすること（修）がそのまま覚り（証）の現れである）、証上の修（証に基づいた修である）、本証妙修（証が本となっての座禅（修）である）」ということを提示している。その一端を引用すると、次の如くである。

仏法には修証これ一等なり。いまも証上の修なるがゆえに、初心の辧道すなわち本証の全体なり。かるがゆえに、修行の用心をさづくにも、修のほかに証をまつおもひなかれとをしふ、直指の本証なるがゆゑなるべし。すでに修の証なれば、証にきはなく、証の修なれば修にはじめなし。ここをもて釈迦如来・迦葉尊者、ともに証上の修に受用せられ、達磨大師・大鑑高祖、おなじく証上の修に引転せらる。仏法住持のあとみなかくのごとし。すでに証をはなれぬ修あり、われらさいわひに一分の妙修を単伝せる初心の辦道、すなわち一分の本証を無為の地にうるなり。

（岩波文庫本『正法眼蔵』参照）

ここには、釈尊の等正覚（証）の一端に目覚めた者であるからこそ修行すること、すでに覚証している者であるからこそ修行すべきであることが提示されている。

これらによって、仏教における「証」と「行」の真正な関係が示されている。釈尊の等正覚（証）に同意し、それを共有することなくして仏道は始まらない。このことについては、親鸞が書写している『弥陀如来名号徳』の中でも、次のように、

次に智慧光とまふす、これは無痴の善根をもてえたまへるひかり也。無痴の善根といふは、一切有情、智慧をならひまなびて、無上菩提にいたらむとおもふこころをおこさしめむがためにえたまへるなり。念仏を信ずるこころをえしむるなり。念仏を信ずるは、すなわちすでに智慧をえて、仏になるべきみとなるは、これを愚痴をはなるることとしるべきなり。このゆへに智慧光仏とまふすなり。

（真聖全二、七三五頁）

と解説されている。これは阿弥陀仏の光明を十二種に分かって称えた徳号の一つである「智慧光」に対する解釈であるが、ここにも「智慧を習い学びて、無上菩提に至らんと思う心を起こさしめ、念仏を信じる心を得しめる」と、そして、「念仏を信じるということは、すでに智慧を得て、仏になるべき身となる」と解釈されている。ここにも、念仏における「証」(智慧)の二重性が明示されている。すなわち、念仏とは「すでに智慧を得て、無上菩提にいたる仏となるべき身となる」ことを歓喜する仏道であることが明示されている。これが、仏教における「証」に他ならない。

以上、仏教における「証」と「行(修)」との真正な関係について略説したが、その「証」が「真実証」として顕示されているのが「証巻」である。単なる「証」ではなくして、「真実証」として顕示されているのは何のためであるのか。その「証」と「真実証」との関係は、どのようであるのか。このことについては、たとえば、『歎異抄』第二章に、

弥陀の本願まことにおわしまさば、釈尊の説教、虚言なるへからず。(聖典六二七頁)

と明示されている。この一文については、これまでは、阿弥陀如来の本願が「まことにおわしま」すならば、釈尊が『大経』に説いている阿弥陀如来の本願は、虚言でないという

了解になっているようである。しかしいまは、この一文によって、『大経』に説かれている阿弥陀如来の本願がまことであるならば、釈尊の説教は虚言ではない。すなわち、阿弥陀如来の本願として説かれている「真実証」は、釈尊の説教による「証」に基づいているという、「証」と「真実証」との関係が示されていると了解したい。釈尊の説教による「証」が基本となって、阿弥陀如来の本願としての「真実証」が可能となるという関係である。そうであれば、釈尊の説教による「証」とは何かが確認されることによってこそ、「真実証」は明らかになるのである。

すでに、釈尊における「証」は、一応なりとも確認された。それでは、その「証」が親鸞の「真実証」として、具体的にどのように展開されているのであろうか。

二、必至滅度の願

一　必至滅度

その「真実証」について、親鸞は「証巻」の劈頭に、次のように述べている。

謹んで真実証を顕さば、すなわちこれ利他円満の妙位、無上涅槃の極果《ごっか》なり。すなわちこれ必至滅度《ひっしめつど》の願より出でたり。また証大涅槃の願と名づくるなり。しかるに煩悩成就の凡夫、生死罪濁《しょうじざいじょく》の群萌《ぐんもう》、往相回向の心行を獲れば、即の時に大乗正定聚《しょうじょうじゅ》の数《かず》に入るなり。正定聚に住するがゆえに、必ず滅度に至る。

（聖典二八〇頁）

この一文について、簡単に敷衍すれば、次のようであろう。「証巻」における真実証とは、「必至滅度の願・証大涅槃の願」によって確認される。必至滅度の願（証大涅槃の願）とは、『大経』に説かれる四十八願の第十一願である。この誓願によって、私たちは、如来の利他が円満し完結した位である、無上なる涅槃という究極の証果に至ることができる。そうであるならば、「煩悩成就の凡夫」であり「生死罪濁の群萌」である私たちであっても、往相回向（凡夫・群萌である私たちが仏陀に成っていくこと）のための信（真実の信心）と行（真実の称名念仏）を獲得したならば、その時即座に、仏に成るべく正しく定まった（正定聚の数に入った）者となる。その正定聚に住するが故に、必ず滅度（大般涅槃）に至る、と。

ここに、第一には、「真実証」について、それは「必至滅度（証大涅槃）の願」という『大経』の第十一願を所依とした「証」であることが示され、第二には、私たちは「凡夫・群萌」であると示され、第三には、その私たちが「往相回向の心行を獲れば」、正定聚となり、必ず滅度に至ると示されている。それが「真実証」である。したがって、これら三点について論究したい。

まず第一に、「真実証」の所依である「必至滅度（証大涅槃）の願」について論究したい。この願の中に説かれている滅度とか大涅槃については、これまで解説してきたが、その「必ず滅度に至る」ということは、どのようなことであるかを、親鸞は大乗仏教における「証」のシノニムを、続いて、次のように列挙している。

必ず滅度《めつど》に至るは、すなわちこれ常楽《じょうらく》なり。常楽はすなわちこれ畢竟寂滅《ひっきょうじゃくめつ》なり。寂滅はすなわちこれ無上涅槃なり。無上涅槃はすなわちこれ無為法身《むいほっしん》なり。無為法身はすなわちこれ実相《じっそう》なり。実相はすなわちこれ法性《ほっしょう》なり。法性はすなわちこれ真如《しんにょ》なり。真如はすなわちこれ一如《いちにょ》なり。

（「証巻」聖典二八〇頁）

ここに、仏教における「証」のシノニムが列挙されているが、その意味について簡単に解説すれば、まず「常楽」とは、大乗の『涅槃経』に説かれる常（大悲）・楽（涅槃）・我（如来）・浄（正法）の四波羅蜜多（四徳）に基づくならば、その中の常と楽、すなわち、

大悲のはたらきと涅槃の境界を意味している。常とは大悲のはたらきの常恒性を表している。たとえば、「正信偈」に、

大悲倦《ものう》きことなく、常に我《われ》を照したまう、（大悲無倦常照我）（聖典二〇七頁）

と詠われているように、これが仏教における「常」の概念である。楽とは、涅槃を表している。たとえば、すでに提示した「無常偈」の四句目に、「寂滅為楽（寂滅を楽と為す）」と説かれているように、これが仏教における「楽」の概念である。「畢竟寂滅」とは、すべての存在は縁起であるが故に、本来的には空性であるという意味である。「無上涅槃」とは、これまで説明してきた釈尊の入滅における大般涅槃のことである。「無為法身」とは、私たちの分別によって作為されない如来のことである。「実相」とは、本性空性という真実を表す特徴のことである。「法性」とは、存在するすべての事物の縁起・空という本質のことである。「真如」とは、この世に存在するすべての事物は縁起的存在であるということがありのままの在り方であるということである。「一如」とは、そのありのままな在り方である真如以外の在り方はなく、すべての世間的存在は縁起的存在として等しくただ一つであるという意味である。

このように、多様に説かれている「証」が、利他の「教」となって展開する。すなわち、この一如から、

しかれば弥陀如来は如より来生《らいしょう》して、報《ほう》・応《おう》・化《け》種種の身を示し現わしたまうなり。

（「証巻」聖典二八〇頁）

と、親鸞は述べている。阿弥陀如来とは、一如なる畢竟寂滅の世界（智慧の世界）に停滞することなく、一切衆生を仏に成らしめずにはおかないという、大悲の本願となってはたらき出た慈悲の在り方である。ここに滅度・一如から来生した阿弥陀如来は、すでに略説した大乗仏教の仏身論に基づくならば、一如そのものである法性法身が、その一如の世界から迷いの世間に来生してすべての衆生を仏に成らしめずにはおかないという能動性・精神性を表す報身となった、それが阿弥陀如来であり、それが具現化したのが本願である。法身から報身へと、すなわち、法性そのものとしての法身が、一切衆生を成仏せしめる本願力となってはたらき出たのが方便法身としての報身である。したがって、私たちは、方便法身（報身）としての阿弥陀如来に出遇うことなくして、法性法身（法身）を知見することはできない。これが智慧が慈悲となって動向するということであり、法身が報身とな

って動向しなければ、化身としての釈尊も出世せず、私たちは智慧に出遇うことはできなかった。このような動向を表現するために、説かれているのが仏身論であった。

二　正定聚と等正覚

この「必至滅度の願」（証大涅槃の願）について、親鸞は、『大経』と『如来会』の二経に説かれている願文と、その願の成就文とを引証している。加えて『大経』からこの願の成就文の内容を補う助願文をも引証している。次のようである。

> 必至滅度の願文《がんもん》、『大経』に言《のたま》わく、設《たと》い我仏を得たらんに、国の中の人天《にんでん》、定聚《じょうじゅ》に住し、必ず滅度に至らずは、正覚《しょうがく》を取らじ、と。已上
>
> 『無量寿如来会』に言《のたま》わく、もし我成仏せんに、国の中の有情、もし決定して等正覚を成り、大涅槃を証せずは、菩提を取らじ、と。已上
>
> 願成就の文、『経』に言《のたま》わく、それ衆生ありて、かの国に生まるれば、みなことごとく正定の聚に住す。所以は何ん。かの仏国の中にはもろもろの邪聚《じゃじゅ》および不定聚《ふじょうじゅ》なければなり、と。

また言わく、かの仏国土は、清浄安穏《しょうじょうあんのん》にして微妙快楽《みみょうけらく》なり。無為泥洹《むいないおん》の道に次《ちか》し。それもろもろの声聞・菩薩・天・人、智慧高明にして神通洞達《じんずうどうだつ》せり。ことごとく同じく一類にして、形《かたち》異状なし。ただ余方に因順するがゆえに、人・天の名あり。顔貌《げんみょう》端政《たんじょう》にして世に超えて希有《けう》なり。容色微妙《ようしきみみょう》にして天にあらず人にあらず。みな自然虚《じねんこ》無《む》の身《しん》、無極《むごく》の体《たい》を受けたるなり、と。
（如来会）また言わく、かの国の衆生、もしは当に生まれん者、みなことごとく無上菩提を究竟し、涅槃の処に到らしめん。何をもってのゆえに。もし邪定聚および不定聚は、かの因を建立せることを了知することあたわざるがゆえなり、と。

（「証巻」聖典二八一頁）

「証巻」では、さらに続いて、この必至滅度の願に関して、往生浄土の内容について、『浄土論』（論註）『安楽集』『観経四帖疏』（玄義分、定善義）などによる解釈が引証されているが、それらの内容は多岐にわたり散漫となっている。それらの一つ一つの言葉について説明を加えると、煩雑となるので、いまは省略する。

ところでここに、必至滅度の願について、『大経』と『如来会』とから願文が引証されているが、その内容表現は相異している。このことの意味は、きわめて重要である。同じ誓願でありながら、『大経』では、「(正)定聚に住し、必ず滅度に至る」と表現され、その異訳本である『如来会』では、「等正覚を成り、大涅槃を証す」と表現されている。ところで、すでに指摘したように、『大経』に説かれている「滅度」とは、そのサンスクリット原典では mahā-parinirvāṇa（大般涅槃）という原語であるから、『如来会』の「大涅槃」と同意である。したがって、この二経の間で相異しているのは「正定聚」と「等正覚」である。親鸞はこの相異を根拠に、阿弥陀如来の本願による念仏者の往相回向において、現生において正定聚の位に住して、必ず滅度に至ることは、釈尊が等正覚を現生において成し遂げ、入滅において大般涅槃を証したことと同じであると了解している。また、この二経の願成就文において、『大経』だけでなく『如来会』においても、滅度・大涅槃に至るべき衆生は「邪定聚」でもなく「不定聚」でもないと説かれ、「正定聚」が「等正覚」として説かれている。そのことについて、親鸞は、性信房に宛てた手紙の中で、次のように書き送っている。

信心をえたる人はかならず正定聚のくらいに住するがゆえに、等正覚のくらいともうすなり。いまの『大無量寿経』に、摂取不捨の利益にさだまるを正定聚となづけ、『無量寿如来会』には、等正覚ととき給えり。その名こそかわりたれども、正定聚・

等正覚は、ひとつこころ、ひとつくらいなり。等正覚ともうすくらいは、補処《ふしょ》の弥勒《みろく》とおなじくらいなり。弥勒とおなじく、このたび無上覚にいたるべきゆえに、弥勒におなじとどき給えり。

（『御消息集（善性本）』聖典五九一頁）

ここに、親鸞は、第十一願（必至滅度の願・証大涅槃の願）の願文と、さらには願成就文に基づいて、正定聚と等正覚とは、ともに順次生に仏に成る一生補処の弥勒菩薩と同じように無上覚に至る位であると述べている。いうまでもなく、「無上覚」とは「必至滅度・証大涅槃」のことである。このように、親鸞は、これらの願文の相異に基づいて、念仏者の正定聚と釈尊の等正覚とは、「ひとつこころ、ひとつくらい」であるという確信を感得した。正定聚とは、すなわち、正しく涅槃に至るべく定められた者である。それ故に、その正定聚に住する者は、すなわち、必ず滅度に至る者となる。私たちが正定聚に住する者となるのは、釈尊の等正覚と同じく現在世であり、大般涅槃なる滅度に至るのは、正定聚・等正覚にとっては必然とされている将来である。往相回向のための心行を獲たその時即時に、正定聚に住む者となり、必ず滅度に至る者となる。したがって、正定聚とは、いまだ至っていない滅度ではあるが、その滅度に必ず至らしめられる位である。また、滅度とは、すでに与えられている正定聚によって必然される目的である。このように、必ず滅度・大涅槃に至る者と定っていることを歓喜する仏道が親鸞の念仏である。一般的には、念仏を称える功徳によって成仏という利益が得られるという仏道が説かれているが、それは親鸞の念仏道ではない。

このような関係に基づいて、凡夫・群萌の往相回向、すなわち、私たちが仏と成る念仏道は、本願に対する信心によってあり得ている。何故ならば、信心とは、現時点において実現されていない事柄ではあるが、必ずそれが我が身に実現されると信知せしめる本願を信じる心であるからである。さらにいえば、それは本願に出遇って開発された信心を獲得することでもある。このことについて、次のように和讃されている。

真実信心うるひとは　すなわち定聚のかずにいる
不退のくらいにいりぬれば　かならず滅度にいたらしむ

（『浄土和讃』「大経意」聖典四八四頁）

弥陀の本願信ずべし　本願信ずるひとはみな
摂取不捨の利益にて　無上覚をばさとるなり

（『正像末和讃』聖典五〇〇頁）

念仏往生の願により　　等正覚にいたるひと
すなわち弥勒におなじくて　　大般涅槃をさとるべし　　（『正像末和讃』聖典五〇二頁）

真実信心うるゆえに　　すなわち定聚にいりぬれば
補処の弥勒におなじくて　　無上覚をさとるなり　（『正像末和讃』聖典五〇二～五〇三頁）

三　大経往生

親鸞は、『一念多念文意』の中でも、「即得往生」についての解説をしているが、そこにおいて、

正定聚《しょうじょうじゅ》のくらいにつきさだまるを、往生をうとはのたまえるなり。　（聖典五三五頁）

と、正定聚と往生浄土との関係が示されている。そこにおいても、同様の内容をもって、次のように明示している。

往生すとのたまえるは、正定聚のくらいにさだまるを、不退転に住すとはのたまえるなり。このくらいにさだまりぬれば、かならず無上大涅槃にいたるべき身となるがゆえに、等正覚をなるともとき、阿毘抜致《あびばっち》にいたるとも、阿惟越致《あゆいおっち》にいたるとも、ときたまう。即時入必定ともうすなり。

（『一念多念文意』聖典五三六頁）

ここで説かれる、「阿毘抜致・阿惟抜致」とは、「不退転」のサンスクリット語 avinivartaniya の音写語であり、「即時入必定」とは、即時に必ず正定聚の位に定まることである。

ここには、正定聚の念仏者と不退転の菩薩と等正覚の釈尊とが、同じ位であるという親鸞の了解が、端的に示されている。この中には、「不退転」という菩薩の在り方が説かれているが、それは菩薩道において、その初歓喜地に立てば、必ず仏地に到ることができるという、龍樹菩薩によって「即得往生　住不退転」として確立された仏道である。このことについてはすでに詳説した（拙著『小川一乗仏教思想論集』第四巻「浄土思想」参照、法藏館）。

親鸞は、龍樹菩薩の『十住毘婆沙論』を引用して、そのことを次のように確認している。

問うて曰わく、初地《しょじ》、何がゆえぞ名づけて「歓喜《かんぎ》」とするや。答えて曰《い》わく、初果（声門乗における預流果）の究竟《くきょう》して涅槃に至ることを得るがごとし。菩薩この地を得れ

ば、心常に歓喜多し。自然に諸仏如来の種を増長《ぞうじょう》することを得。（以下略）

（括弧筆者、「行巻」聖典一六二頁）

そしてそれらは、成仏が約束されている一生補処の弥勒菩薩と同じ位であるとも、親鸞はしばしば言及している。ちなみに、親鸞は、「歓喜」と「慶喜」を使い分けしている。「歓喜」とは、いまだ得ていないが、必ず得られることを喜ぶという意味とし、「慶喜」とは、すでに得ていることを喜ぶという意味として用いている。

また、このことに関しては、親鸞の『浄土三経往生文類』「大経往生」において、まず往相回向について、

大経往生というは、如来選択《せんじゃく》の本願、不可思議の願海、これを他力ともうすなり。これすなわち念仏往生の願因によりて、必至滅度の願果をうるなり。現生《げんしょう》に正定聚のくらいに住して、かならず真実報土にいたる。これは阿弥陀如来の往相回向の真因なるがゆえに、無上涅槃のさとりをひらく。これを『大経』の宗致とす。

（聖典四六八頁）

と明示して、その証文として、第十七願と第十八願と第十一願の三願の願文と、願成就文

とを列挙した後に、次のように述べている。

この真実の称名（第十七願）と真実の信楽（第十八願）をえたる人は、すなわち正定聚のくらいに住せしめんと、ちかいたまえるなり。この正定聚に住するを、等正覚をなるとものたまえるなり。等正覚ともうすは、すなわち補処の弥勒菩薩とおなじくらいとなるとときたまえり。しかれば、『大経』には「次如弥勒《しにょみろく》」とのたまえり。

（括弧筆者、聖典四六九～四七〇頁）

ところで、この「大経往生」おける必至滅度の願については、「正信偈」にも願名を挙げて取り上げられている。

等覚を成り、大涅槃を証することは、必至滅度の願成就なり。

（成等覚証大涅槃、必至滅度願成就）

（聖典二〇四頁）

この二句は、「三十五歳で等正覚を成し遂げ、八十歳で入滅されたときに大涅槃を身をもって実証された釈尊によって、第十一願の『必至滅度の願』はすでに成就されている」

ことを述べている。この二句について、親鸞は『尊号真像銘文』において、次のように解説している。

「成等覚証大涅槃」というは、成等覚というは、正定聚のくらいなり。このくらいを龍樹菩薩は、「即時入必定《そくじにゅうひつじょう》」とのたまえり。曇鸞和尚は、「入正定之数《にゅうしょうじょうしじゅ》」とおしえたまえり。これはすなわち、弥勒のくらいとひとしとなり。証大涅槃ともうすは、「必至滅度の願成就」のゆえに、かならず大般涅槃をさとるとしるべし。滅度ともうすは、大涅槃なり。

（聖典五三一頁）

ちなみに、ここにおける「等覚」とは、すでに明らかなように、一般的には「等正覚」のことである。それについて、大乗仏教において様々に説かれている菩薩位の中で、五十二（十信、十住、十行、十回向、十地、等覚、妙覚）の菩薩位が説かれている場合の第五十一位の「等覚」を指すという解釈がなされることもある。この「等覚」が「妙覚」と共に菩薩位として説かれている経典は、五十二位を説く『菩薩瓔珞経』の他には、五十七位を説く『首楞厳経』がある。そこにおいては、「等覚」は、次の最高位の「妙覚」の直前であるから、それは次に大涅槃を証する位であり、弥勒と同じ位である。しかしそれは、五十二位とか五十七位という特別な菩薩位のみに見られる位であり、その他の『華厳経』などの経典には説かれていない位である。日本天台宗においては、菩薩の修行の階梯としてそれを取り入れているが、いわば難行の菩薩道における「等覚」であり、それを「正定聚のくらい」として比定していることになる。しかし、これまで二経における『大経』の「正定聚と必至滅度」の願と『如来会』の「等正覚と証大涅槃」の願を対比し、その内容を論究してきたように、現生に正定聚の位に住するという事実は、菩薩の階位として想定されている「等覚」と同じ位ということではなく、それは釈尊の「等正覚」のことであり、それ故に、親鸞はそのことを「正定聚・等正覚は、ひとつこころ、ひとつくらいなり」といわれているとみなすべきである。私たちの現生における正定聚は、釈尊の現生における等正覚と同じでなければならない。このことから、「正信偈」において「等覚」とされているのは、五十二位の菩薩道における特別な階位のことではなく、七言一句という語数に制約された「等正覚」のことと見なすべきであり、これまで明らかにしてきた内容との関係から、そのことは明確である。このことについては、たとえば『正像末和讃』に次のように詠われている。

念仏往生の願により　　等正覚にいたるひと

すなわち弥勒におなじくて　大般涅槃をさとるべし　（聖典五〇二頁）

三、煩悩成就の凡夫・生死罪濁の群萌

一　「愚」の自覚

第二に、「真実証」は、「煩悩成就の凡夫、生死罪濁の群萌」である私たちにとっては、「往相回向の心行を獲れば」可能となるのであり、そのことによって「正定聚の数に」入り、そこに住するがゆえに、「必ず滅度（無上涅槃の極果）に至る」と明快に説明されている。これが「真実証」である。したがって、ここに述べられている「煩悩成就の凡夫、生死罪濁の群萌」という私たちの側の事実と、「往相回向の心行」という阿弥陀如来の側の事実とが確認されなければならないであろう。

それではまず、「煩悩成就の凡夫、生死罪濁の群萌」とは如何なる存在であろうか。私たちは、釈尊によって知見された「証」に出遇ったとき、どのような感動を抱くであろうか。はからずも恵まれた遇縁に慶喜し、その未曾有の出遇いに感涙せざるをえない。それ

がまさしく、三帰依文の前文（聖典巻頭）における「人身受け難し、いますでに受く。仏法聞き難し、いますでに聞く」という感動である。そして、この感動を抱いて、「この身今生において度せずんば、さらにいずれの生においてかこの身を度せん」という成仏への意欲を持って生きる者となる。ともすると、「人身受け難し」ということが人間の尊厳性という、欧米の理性信奉に基づく人間観のように理解されていることに、何の疑念も抱かずに当然のこととしてそれを受け入れているが、それが近代合理主義の洗礼を受けた私たちにとって常識となっているのかも知れない。しかし、欧米の近代合理主義によって主張されている人間の尊厳性とは、キリスト教的には、人間は神によって特別に創造された存在であるから尊厳であるということであろう。それを端的に言い換えれば、他の生き物と異なって、人間には理性があり、それを信奉しているから尊厳であるという人間中心主義に基づくものである。したがって、人間は知性を持った生きものとして自己の苦悩に目覚め、それを解決する能力があるのであるから、人間として生きることの一大事に、自らの洞察をもって目覚めることができる存在である。それ故に、人間は尊厳であるとする。しかしそこには、自己の苦悩に目覚めて、それを解決する能力のないチンパンジーなどではないという程度の人間であることへの、尊大な自己満足があるのみである。そのような意味での、特別な存在としての人間の尊厳性は、すべての「いのち」の平等を説く仏教には説かれていない。そうではなくして、人間として生まれたのは、仏法を聞思するためであったという受け取りが仏教である。その意味で、人間に生まれた縁を尊ぶのである。ちなみに、人間の苦悩は、仏法に出遇う大きな機縁とはなるが、苦悩すれば必ず仏法に出遇うということではない。出遇うべき機縁がなければ、苦悩しても仏法には出遇えない。それ故に、はからずも仏法に出遇えたのは、人間としての生を受けたからであるという感動を、遇縁として慶喜しているのが三帰依の前文である。そこにこそ、「人身受け難し、いますでに受く。仏法聞き難し、いますでに聞く」という感動が必然される。

ところで、釈尊の「証」によって示された真実に覚醒せしめられたとき、その「証」に向き合っている我が身の現実が照らし出されてくる。そこに自覚されるのが、「煩悩成就の凡夫、生死罪濁の群萌」という身の事実であり、それが仏教における「愚」の自覚である。縁起の道理を基本とする仏法に出遇って、自我が崩壊したところに「愚」の自覚がもたらされる。仏教における「愚」の自覚とは、あくまでも、釈尊によって知見された「証」の真実に出遇うことによってしかありえない。親鸞も法然に出遇うに先立って、比叡山において仏教における「証」を知見していたはずである。そして、その「証」を自らの身に実現することへの絶望を抱いて苦悩していた。そうであるからこそ、

ただ念仏して、弥陀にたすけられまいらすべしと、
（『歎異抄』聖典六二七頁）

という、「よきひと」法然上人に出遇って、

念仏もうさんとおもいたつこころのおこるとき、
（『歎異抄』聖典六二六頁）

そのとき、信心が発ったのである。そうでなければ、念仏は仏法であるという根拠はないことになろう。

ともすると、私たちが「愚」の自覚を口にするとき、自己肯定の上に成り立っている自我による近代理性主義によって、非理性的であることが「愚」とされてしまう。自分で自分を「愚」と自覚しても、そのように自覚している方の自分は「愚」ではない。賢明な自分が、自分を「愚」と自覚しているということになる。「愚」とは、自我による自己反省とか自己批判のことではないと強調しながら、いかにそれを饒舌に語ろうとも、結局は、「証」という真実によって照らし出された身の事実を前提としない「愚」の自覚である限りは、所詮、理性的でない自己に対する弁護となり、「愚」の自覚を旗印にした自己肯定の域を出ない自己主張にしかすぎない。非理性的であった自己を「愚」として自覚する自

己が、その背後に別に存在するという、自己の二重性を超えることはできない。親鸞による人間としての基本は、「愚」への視線であるが、その場合でも、もし人間の理性に立って「愚」の自覚を深化させていくということであれば、そのような理性を前提とした自覚の深化は、やたらと難解な観念的な自己解釈に陥ってしまう結果となる。

この自己の二重性については、先に第一章で言及したデカルトの「私は考える、ゆえに私は存在する」という命題においても示されている。すなわち、「私は考える者」であるといっている「私」が、その背景に存在しているのである。このことについて、たとえば、次のように説明されている。

そもそも「私」とは何でしょうか。私はどのようなときに「私」と言うのでしょうか。私が「私」と言うのは、「私」でない他者に対してです。他者に対して「私」を言わば押し出すために、私たちは「私」と言います。そしてそのとき、私たちは自分を指しつつ「私」と言います。「私」には、つねに、ふり返られる「自己」が伴っています。しかしそのふり返られた「自己」は、すぐに他者に対して、「私」という主語として、また「考える者」という述語として押し出されます。そのとき、ふり返る「私」、あるいは「私は考える者である」と言う「私」は背景に退きます。

つまり、「私」はつねに二重化することになります。上田閑照が『私とは何か』（二〇〇〇年）で使っている言葉を借用すれば、「有る私」と「無い私」とがつねに寄り添いつつ、しかし本質的に区別されたものとしてそこにあります。もちろん「有る私」のほうが、主語となり、述語となる私です。そしてそこから背景に退く私が「無い私」です。問題は私たちが往々にして、「有る私」を私自身と思い込んでしまうという点です。

（藤田正勝著『哲学のヒント』四四〜四五頁、岩波新書）

このように、自我による「私」の二重性が、哲学の上で説明されている。そのためか、「私は愚者である」といっているもう一人の「私」がその背景に存在し、理性的でない自らの不合理な部分を「愚」と自覚する、その背景にある自分に居直ってしまう。ここに、「私は愚者である」と内省する賢者がいるという、「私」の二重性は避けられない。賢者であるからこそ、「私は愚者である」と内省することができるのであるという自己肯定に陥る。それ故に、この自我の二重性に束縛されたままで「愚」を語る者は、知らず知らずのうちに、「自分は愚者である」と自覚した「自分」は、理性的な存在であり、賢善精進・自力作善という「善」を肯定する者となる。そして、「自分は愚者である」と、その「愚」の自覚を免罪符とし、「愚」の自覚を武器として、「世のため人のため」というヒューマニズムになってしまい、仏道ではなく人道に陥っていかざるをえない。そのようにして、自らを愚者と自覚した自我が、「愚」を口にしながら、いつの間にか居直って、堂々と自らを肯定して生きる者となってしまう。それはもとより、縁起の道理を基本としている仏法に出遇って、自我が崩壊したところに自ずと芽生える「愚」でもなく、親鸞が悲嘆をもって吐露している煩悩成就の凡夫・生死罪濁の群萌という自覚における「愚」とも全く別のものである。

この「愚」について痛切に語っているのが、善導大師の「機の深信」といわれている一文である。次のようである。

「自身は現にこれ罪悪生死《ざいあくしょうじ》の凡夫、曠劫《こうごう》より已来《このかた》、常に没《もっ》し常に流転《るてん》して、出離《しゅつり》の縁あることなし」と信ず。（「信巻」聖典二一五頁）

このような深信は、釈尊の「証」という真実との対面なくしてはありえない。理性による自己洞察がどれほど深くても、そのような理性に基づいた自覚ではない。生死を出離するための「証」に出遇いながら、如何ともしがたく自我に惑い、生死に没し、生死に流転している自身についての深信である。それを「罪悪生死の凡夫」といわれたのである。

であり悪である。

「罪悪生死」とは、罪であり悪である生死という意味であろう。それは生死に流転する罪

この「生死」とは、サンスクリット語 saṃsāra の漢訳であり、「流される生存の連続」という意味である。普通は、「輪廻」と漢訳されるが、その原意は「流転・連続・循環」であり、直接には「生死」という意味はない。それが時として「生死」と漢訳されるのは、それが単に生物として生まれ死ぬという肉体的な生死の事実のみを意味しているのではないからである。生まれ死ぬことを苦として悩む人間の、流転の在り方を示唆しているというべきである。このように、私たちの現在の生存を「生死」と見なしているのは、仏教だけであろう。キリスト教などの他の宗教では、問われない世間観というべきである。具体的にいえば、「生きていたい、死にたくない」という人間の分別によって形成されている、生老病死を苦悩とする世界である。その意味では、人間以外の生物には「生死」はないといえよう。

その「生死」が「罪悪」であるとは、どういう意味であろうか。もとより、この「罪悪」とは、社会的な罪悪ではない。それは釈尊の「証」に同意し、その通りに生きようとしても、それに背いて生きている自己の現実に対する悲嘆の表現である。生死を出離する釈尊の「証」に出遇いながら、人間に生まれたが故の根源的な宿業、生老病死に苦悩する

人間の業に束縛され、「生きていたい、死にたくない」と生死に没し、生死に愛着して流転する「愚」であり、釈尊の「証」に出遇うことによって開発された「愚」の自覚である。それこそが、善導大師にとっての「罪悪」である。敢えていえば、仏教に背く大罪悪である、五逆罪や誹謗正法にも等しい罪悪である。親鸞の「煩悩成就の凡夫、生死罪濁の群萠」も、善導が深信する「罪悪生死の凡夫」も、同じ意味であることはいうまでもない。煩悩成就とは、私たちは生死に没し、「生きていたい、死にたくない」という煩悩のままに生死に愛着し、少しでも長く生死に止まりたいと、生死に流転している、そのことによってしかありえていないという自身の現実への自覚である。生死罪濁とは、「証」を知見する遇縁に恵まれながら、生死に束縛され、それに愛着し、それを捨て難く生きている在り方は、罪濁であるということである。

二　悪人とは

ところで、これまで論究してきた親鸞における「愚」の自覚による罪悪に関して、親鸞在世のその当時の社会では、悪とか悪人がどのような概念であったのか。そのことについて、歴史学・民俗学の立場から究明されている。たとえば、次のようである。

十三世紀後半から十四世紀にかけて、貨幣経済がさらに一段と発展してきますと、金融・商業の組織や、廻船のネットワークは、前よりもずっと規模が大きく、また濃密になってゆきます。供御人、神人、寄人の組織は、さらに広域的に広がり、緊密の度合も強くなって、公権力の枠をこえて独自な動きを強めていかざるをえなくなってきます。

こうして、交通路、流通路を管理する人びとの組織の新しい活動がこの時期に目立ってくるのですが、このような人びとの動きが、権力の側から悪党・海賊といわれたのだと思います。（中略）

これらの悪党や海賊の実態は、「海の領主」、「山の領主」のような、交通路にかかわりを持つ武装勢力をはじめ、商業・金融にたずさわる比叡山の山僧や山臥などであったことがわかっています。（中略）

この時代の「悪」ということばは、日常の安穏を攪乱する、人の力をこえたものとのつながりをもって考えられており、利潤や利子を得る行為そのもの、商業・金融業そのものを悪ととらえる見方がありました。さいころの目で事を決める賭博や、「好色」＝セックス、さらに穢れそのものを、人の力をこえたどうにもならない力として「悪」ととらえられたわけです。（中略）

金融業者、商人、海の領主、山の領主の組織が「悪党」といわれたのは、「悪」にたいするこの時期のこうしたとらえ方が背景にあったと思います。

（網野善彦著『日本の歴史をよみなおす』三四八〜三五一頁、ちくま学芸文庫）

このように、当時の社会における政治・経済の中で、二つの潮流の対立による「悪」の概念が明らかにされている。これだけであれば、この「悪」の概念は、親鸞における「愚」の自覚による主体的な罪悪とは直結しない。しかしさらに、同書では、当時の宗教の分野でも、この「悪」の問題が避けがたい対立の焦点となっていると言及し、次のように述べている。

親鸞は、善人ですら往生できるなら、悪人が往生できないはずはないという悪人正機説を唱えて、悪を積極的に肯定する姿勢を早くから示しています。また、親鸞より少しあとに生きた一遍の思想は、信・不信、浄・不浄、つまり穢れているものも穢れていないものも、善人でも悪人でも、南無阿弥陀仏という念仏を書いた札を受け取ればすべての人が救われるという、徹底した一元論だといえます。

つまり、絶対者である阿弥陀にたいする信仰を通じて、善も悪も問わず、すべて肯定されるという立場に立っており、いわば悪を正面から肯定しているわけです。それゆえ、一遍の支持者には、「悪党」がいるとともに、「善人」といわれて銭を持つ富裕な人びと、商人、金融業者も一遍を支持しています。

（網野善彦著『日本の歴史をよみなおす』三五六頁、ちくま学芸文庫）

ここでは、『歎異抄』第三章において、

善人なおもて往生をとぐ、いわんや悪人をや。

（聖典六二七頁）

と述べられている悪人正機説に基づいて、それを社会における政治・経済の上での「悪」と関係づけている。そうであれば、その悪人正機説の具体的な内容から、そのようにいえるのかどうかを確認しなければならない。その具体的な内容について、『歎異抄』では続いて、次のように述べている。

自力作善のひとは、ひとえに他力をたのむこころかけたるあいだ、弥陀の本願にあらず。しかれども、自力のこころをひるがえして、他力をたのみたてまつれば、真実報土の往生をとぐるなり。煩悩具足のわれらは、いずれの行にても、生死をはなるることあるべからざるをあわれみたまいて、願をおこしたまう本意、悪人成仏のためなれば、他力をたのみたてまつる悪人、もっとも往生の正因なり。（聖典六二七～六二八頁）

ここに述べられている「悪人」とは、体制派の権力者によって社会的に蔑称されている「悪人」（悪党、海賊など）のことであろうか。そうではないであろう。権力者であっても、権力者から悪人といわれている悪党や海賊などであっても、そのことに差別なく、親鸞は「他力をたのむこころかけたる」者を善人と表現し、「他力をたのみたてまつる」者を悪人と表現していることは明かである。したがって、『日本の歴史をよみなおす』では、親鸞による「愚」の自覚に基づく悪人と、権力者側から蔑称されている社会的な悪人が混同されているといえよう。この点に関しては、『歎異抄』第十八章における、社会的な善人であろうが悪人であろうが、

善悪のふたつ総じてもって存知せざるなり。そのゆえは、如来の御こころによしとおぼしめすほどにしりとおしたらばこそ、よきをしりたるにてもあらめ、如来のあしとおぼしめすほどにしりとおしたらばこそ、あしさをしりたるにてもあらめど、煩悩具

足の凡夫、火宅無常の世界は、よろずのこと、みなもって、そらごとたわごと、まことあることなきに、ただ念仏のみぞまことにておわします。（聖典六四〇～六四一頁）

という、親鸞の言葉によっても再度確認されるであろう。

ちなみに、『歎異抄』における「悪人」についての傍証として、親鸞の著作において「悪人」という言葉はどような文脈で使われているのか、それを提示しておく。「悪人」についての親鸞自身による用例は、『教行信証』の「行巻」と「化身土巻」に見いだされる。また、『唯信鈔文意』にも見いだされる。次のようである。

大小の聖人・重軽《じゅうきょう》の悪人、みな同じく斉《ひと》しく選択《せんじゃく》の大宝海に帰して、念仏成仏すべし。（「行巻」聖典一八九頁）

「汝是凡夫心想羸劣」と言《のたま》えり、すなわちこれ悪人往生の機たることを彰《あらわ》すなり。（「化身土巻」聖典三三二頁）

「罪根深」というは、十悪五逆の悪人、謗法闡提の罪人、おおよそ善根すくなきもの、悪業おおきもの、善心あさきもの、悪心ふかきもの、かようのあさましき、さまざまのつみふかきひとを、「深」という。ふかしということばなり。

これらの用例における悪人は、当時の社会的な悪人を指しているとはいえず、仏法に背く者のことである。そのような悪人であっても、仏と成れる念仏成仏という仏道が示されている。この他には、「正信偈」に「極重悪人唯称仏」という一句があるが、これは『教行信証』「化身土巻」本において、

『観経』の定散諸機は「極重悪人唯称弥陀」と勧励したまえるなり。濁世の道俗、善く自ら己が能を思量せよとなり。知るべし。　（聖典三三〇〜三三一頁）

と述べられている、それに基づいたものである。したがって、この「悪人」は親鸞自身の言葉ではないが、その内容から「濁世の道俗」、すなわち、道（出家者）と俗（在家者）に区別なく、「悪人」に唯称念仏を勧励している。

この他、『教行信証』に引用されている経論釈の中に、「悪人」という用語は、次のように見いだされる。

（1）『論の註』における「無顧《むこ》の悪人、他の勝徳を破す」（「行巻」聖典一六七～一六八頁）

（2）『往生要集』における「極重の悪人、他の方便なし。ただ弥陀を称して極楽に生まるることを得」（「行巻」聖典一八八頁）

（3）『選択本願念仏集』における「大小聖人・重軽《じゅうきょう》の悪人、みな同じく斉《ひと》しく選択の大宝海に帰して、念仏成仏すべし」（「行巻」聖典一八九頁）

（4）『涅槃経』「迦葉品」における「悪人提婆達多」（「信巻」聖典二六八頁）

（5）『聞持記』における「屠《と》は謂《い》わく殺を宰《つかさ》どる、沽《こ》はすなわち醞売《うんばい》、かくのごときの悪人、ただ十念に由ってすなわち超往《ちょうおう》を得、あに難信にあらずや、と」（「信巻」聖典二三八頁）

などである。この中で、（1）「無顧の悪人」も、（2）「極重の悪人」も、（3）「重軽の悪人」も、社会的に権力者から「悪人」と差別されている者ではなく、仏道における「悪人」である。（4）「悪人提婆達多」は、王舎城の悲劇が物語られている中で、阿闍世に対して父王頻婆沙羅を殺害するよう唆した、仏教における五逆罪の一つである父親殺害を唆した提婆達多を「悪人」と非難しているのであるから、これも仏道における「悪人」である。しかも、提婆達多は出家者である。

（5）「屠沽下類」を、「悪人」と呼称している。これは、先に引用した『日本の歴史をよみなおす』における社会的な悪人の概念と重なる。この「屠沽の下類」については、次の「第三章」の「誓願不思議」の項において、『唯信鈔文意』によって詳しく確認したい。ともかくも、これらの用例の中に見いだされる「悪人」は、もとより親鸞在世のその当時の権力者よって蔑称されている「悪人」ではなく、仏法に背く「悪人」である。ちなみに、仏教にとって悪とは十不善業である。

そもそも、社会における善・善人と悪・悪人との区別は、時代と国・地域によって一定ではない。現代社会においても様々である。キリスト教国である欧米社会と、イスラム教国であるアラブ圏と、共産主義国である中国と、それぞれにおける善悪の区別は、決して一様ではない。現代社会に生きる日本人である私たちにとっての善悪の区別は、何に基づいているのであろうか。明治以後の民主主義というキリスト教国である欧米社会の国家体制の基準に従っているようであるが、厳密には果たして同質となりえているのであろうか。多くの点で、微妙に差異があるのではなかろうか。

四、二種の回向

一　回向思想

第三に、「往相回向の心行」（往相回向のための信心と念仏）と述べられていることの、その往相回向とはどういう意味であろうか。この往相回向については、「真実教」を顕らかにする「教巻」の劈頭に、

謹んで浄土真宗を案ずるに、二種の回向あり。一つには往相《おうそう》、二つには還相《げんそう》なり。往相の回向について、真実の教行信証あり。（聖典一五二頁）

と、回向には往相と還相があると述べられている。また、「真実証」を顕らわす「証巻」においても、後半に、

二つに還相の回向と言うは、すなわちこれ利他教化地の益なり。（聖典二八四頁）

と、還相回向が取り上げられている。

このように、回向には往相と還相との二種があると明示されているが、それは往相と還相との二種の回向の他には回向はないということである。したがって、『教行信証』をはじめとして、親鸞の聖教には「回向」という用語が頻出するが、単に「回向」といわれている場合でも、そのすべては往相回向か還相回向か、もしくはこの二種の回向のことである。この往相と還相との二種の回向についての、大乗仏教における了解は、拙文「回向」（『親鸞』所収、朝日新聞出版）において詳説した。しかし、その時には、これから考察されるような視点が明確ではなかったので、改めて、それを要約して説明するならば、次のようである。

まず、仏教における回向思想の形成について、次のように解明されている。

ゴータマ・ブッダ（紀元前四六三～三八三年）のころは、輪廻説はまだ定着していなかった。いわゆる「六師外道」に代表される、当時の振興思想家の半ばは業報輪廻を否定し、他の半ばはこれを肯定した。（中略）

ブッタは、たとえば、民間の梵天信仰や塚（ストゥーパ、塔）の信仰を許容したように、輪廻説を教化の方法として採用はしたけれども、輪廻を超越した涅槃・解脱を目的とし、自我の存在を否定した彼にとって、輪廻説は二次的な意味しかもっていなかったという可能性もある。ブッタの中心的な教義であった縁起説は、認識・倫理・自然の因果律の発見であって、直接に輪廻と結びつきはしないからである。（中略）大乗仏教は輪廻説を世俗の法則として受け入れたが、同時に、空と回向の思想によって輪廻を超えることを教えた。この絶対的真理（勝義）としては、輪廻も空である、ということこそが、大乗出現の目的であったといえる。

（梶山雄一著『「さとり」と「回向」』一七五～一七六頁、人文書院）

このように、空と回向の思想によって業報輪廻の束縛からの解放を説いたと究明している。すなわち、私たちは縁起的存在（因縁所生）であり、本来的に空（本性空性）であることにおいて、回向思想は自在に展開される。そのことが可能となるのである。そのための回向思想は、さまざまに説かれるが、それらは、「方向転換の回向」と「内容転換の回向」に集約されるとし、回向思想の役割を、次のように説明している。

方向転換にせよ、内容転換にせよ、回向というのはきわめて大乗的なものである。小乗仏教の末期において、回向の思想が芽生えていたことはたしかであるが、その思想を宗教の核心としたのは大乗仏教であった。あるいは、小乗のなかに芽生えた回向の思想が大乗仏教を生んだ、ということであるかもしれない。
いずれにしても、回向思想は、業報輪廻に固く束縛され、世の動乱の苦難にあえぎながら、救済への道を閉ざされていた北インドの民衆を解放するためにあらわれた宗教改革の思想であった。そしてその革新思想は、論理的には、空の思想に根拠づけられていた。

（梶山雄一著『「さとり」と「回向」』一七四頁、人文書院）

概略的にいえば、このようにして回向思想は成立したのであるが、そこにおける二種の回向――方向転換の回向と内容転換の回向――は、親鸞によって、浄土真宗には二種の回向があり、それは往相と還相であると表示されているが、それと重なるのである。そこにおける往相と還相という二種の回向の基本は、釈尊における往相と還相である。釈尊が迷いに目覚めて仏陀となったという方向性、すなわち、迷いから覚りへの方向性が、内容変換の回向としての往相回向である。それに対して、仏陀と成った釈尊が説法するために覚りの世界（如）から迷いの世界に来生する如来となったという方向性、すなわち、覚りから迷いへの方向性が方向変換の回向としての還相回向である。この還相回向のことが、親鸞によって、しかれば阿弥陀如来は如より来生《らいしょう》して、報《ほう》・応《おう》・化《け》種種の身を示し現わしたまうなり。
（「証巻」聖典二八〇頁）

と述べられている。仏陀と如来には、このような方向性の相異があるが、この二つの方向性（二種の回向）を備えているのが、大乗仏教の仏道体系の基本である。迷いから覚りへの仏陀は智慧を表し、覚りから迷いへの如来は慈悲を表している。いうまでもなく、智慧が智慧に停滞してしまえば、私たちはその智慧に出遇うことができない。その智慧が慈悲となってはたらき出ることによって、それが私たちの世間的な地平に届けられてこそ、私たちは智慧に出遇うことができる。智慧を私たちに届けてくれる慈悲とは、経典などの言葉による思想とか、絵画や音楽などの芸術による表現とか、様々な手だて（方便）のことである。このような往相と還相という二種の回向、迷いから覚りへという往相回向と、覚りから迷いへという還相回向との両方の中で、凡夫・群萠である私たちが仏に成るための往相回向が「真実の教行信証」である。

その「回向」とは、「ふり向けること」という語意であるが、それが「内容転換の回向」と「方向転換の回向」の二種の回向として整理しまとめられている。

「内容転換の回向」とは、たとえば、自らの善行や愛や悲しみなどの世間的な機縁が、

「等正覚」という出世間的な事柄へとその内容が転換すること、「ふり向けること」である。これは自己自身の上に実現される内容転換の回向である。釈尊においては、生老病死に苦悩する苦行者ゴータマ・シッダールタが、苦行を捨てて「等正覚」を成し遂げ智慧を獲得した仏陀と成って往相回向したという、それと一致するのが内容転換の回向である。自らの修行が智慧となって自らに「ふり向ける」内容転換の回向が往相回向である。したがって、「往相回向」とは、正確には「往相を回向する」という語意ではなく、「往相という回向」という語意である。

「方向転換の回向」とは、たとえば、自らの「覚り」や善行などの果報を他の人へと方向が変換すること、「ふり向けること」である。このことによって、他の人が目覚めたり幸せになる方向転換の回向である。釈尊においては、目覚めた仏陀と成った自らの智慧を、如来となって説法して私たちにその智慧を慈悲として還相回向したという、それと一致するのが方向転換の回向である。自らの智慧を慈悲をもって他者に「ふり向ける」方向転換の回向が還相回向である。したがって、「還相回向」とは、正確には「還相を回向する」という語意ではなく、「還相という回向」という語意である。

このような「内容変換の回向」（往相回向）と「方向変換の回向」（還相回向）との両方が、釈尊において成り立っている。すなわち、苦悩するゴータマ・シッダールタが「等正覚」を成し遂げて仏陀となって往相回向したという「内容転換の回向」に基づいて、その初転法輪（最初の説法）において「私は如来である」と名乗り、「如より来生した」還相回向の如来となって説法したことにより、その「等正覚」の智慧が私たちに届けられる「方向転換の回向」がある。このような、釈尊の生涯において成り立っている二種の回向が、釈尊の入滅から遠く時空を超えた現在の私たちのために、阿弥陀如来の本願として説かれているのが、「真実教」としての『大経』である。すなわち、一切衆生が苦悩から解放される浄土の建立を志願する法蔵菩薩が、その志願が成就して阿弥陀仏となったという神話的な物語によって、菩薩から仏陀に成ったという内容転換の回向（往相回向）が説かれ、それに基づいて、それが一切衆生の成仏を願う本願として展開し説かれるのが、方向転換の回向（還相回向）である。したがって、釈尊における往相と還相の二種の回向が、『大経』では阿弥陀如来における二種の回向として説かれている。

二　往相回向

往相回向と還相回向の二種という在り方で、回向は成り立っている。時として、私たち衆生の上に、往相回向と還相回向が本願によって回向されていると説明されることがある。

それが本願力回向である。その場合、本願による「回向」とは、阿弥陀如来の二種の回向である。その阿弥陀如来の二種の回向によって、私たちの往相回向が可能となるが、往相回向する私たちも如来と成って還相回向するという、私たちの還相回向までもが阿弥陀如来の二種の回向によってもたらされるという、そのような回向思想は大乗仏教における仏道体系によっては説かれていない。それはいま解説した、大乗仏教の仏道体系に基づいた二種の回向に立脚しない独自の解釈といえよう。二種の回向は、釈尊と阿弥陀如来と成った法蔵菩薩とにおいてしかあり得ない。

この二種の回向は、大乗仏教の仏道体系においては、智慧は必ず慈悲として展開しなければならないから、往相回向した仏陀は必ず如来として還相回向する。たとえば、『高僧和讃』「天親讃」に、次のように、

願土にいたればすみやかに　無上涅槃を証してぞ
すなわち大悲をおこすなり　これを回向となづけたり
（聖典四九一頁）

と詠われている。この「回向」とは如来の二種回向である。また、『正像末和讃』に、次のように、

南無阿弥陀仏の回向の　　恩徳広大不思議にて
往相回向の利益には　　還相回向に回入《えにゅう》せり
（聖典五〇四頁）

と詠われている。「南無阿弥陀仏の回向」とは、二種の回向である。それが第三句と第四句である。この和讃について、これまでは、如来の回向によって衆生の往相回向と還相回向があると解釈されることもあるようであるが、しかし、大乗仏教の仏道体系に立てば、法蔵菩薩が阿弥陀仏と成った往相回向の利益は、それが必ず如来の本願力として還相回向に回入することを述べていると了解される。そのことによって、私たち衆生の往相回向がありえている。続いて、次のように和讃されている通りである。

往相回向の大慈より　　還相回向の大悲をう
如来の回向なかりせば　　浄土の菩提はいかがせん（『正像末和讃』聖典五〇四～五〇五頁）

あらためて解釈するまでもなく、この『和讃』における「如来の回向」とは「大慈」「大悲」としての二種回向であり、「浄土の菩提」とは私たちの往相回向である。
釈尊には、その生涯において往相と還相との二種の回向がありえたが、しかし、凡夫・

群萌である私たちには、自らの生涯において釈尊のような還相回向はありえない。あくまでも、還相回向は、私たち衆生の側の事柄ではなく、釈尊の場合でも阿弥陀如来の場合でも共に、「如より来生し」た如来の側の事柄である。凡夫・群萌である私たちにとっては、専ら阿弥陀如来における二種の回向があるだけである。そのことに基づいて、私たちが仏と成っていく往相回向が実現される。私たちが如来の側になって還相回向することまでもが、そこに含まれうるという解釈は、願望による観念でしかない。たとえていえば、仲のよい夫婦が生まれ変わってもまた夫婦になりたいというレベルと同じ、願望による幻想でしかない。それに対して、これまで論究してきたように、私たちの往相回向は、如来の本願という還相回向によって、それは願望による観念や幻想ではなく、縁起的存在として生きる私たちの上に必ず実現される事実であるからである。

このことから明らかなように、私たちの上に迷いから覚りへの往相回向が実現されるとすれば、それは往相回向した釈尊が還相回向して説法したことによって、その「等正覚」の智慧が慈悲となった方向変換の回向（還相回向）が私たちに回入しているからである。同じように、往相回向した阿弥陀如来が、還相回向して本願力となったという方向転換の回向（還相回向）によって、私たちの往相回向がありえているからである。もし釈尊の往相回向が還相回向しなければ、智慧が慈悲として私たちに還相回向されていなければ、その「等正覚」における智慧は不明のままで、それを求める私たちの往相回向もありえない。すでに述べたように、私たちの往相回向は、釈尊が如来したという還相回向によって成り立っている。釈尊が仏陀と成って往相回向し、如来となって還相回向した。その往相と還相における二種の回向に基づいて、私たちの往相回向が可能となる。それが取りも直さず、法蔵菩薩が阿弥陀仏と成って往相回向し、その阿弥陀如来の智慧が本願として還相回向したという二種回向によって成り立っているのが、私たちの「往相回向」である。このことについては、たとえば、『正像末和讃』に次のように詠われている。

度衆生心《どしゅじょうしん》ということは　弥陀智願の回向なり
回向の信楽《しんぎょう》うるひとは　大般涅槃をさとるなり
（聖典五〇二頁）

ここに詠われている「回向」とは、「智願（智慧から本願へ）」としての還相回向である。その還相回向を信楽する私たちの上に、「大般涅槃をさとる」ための往相回向がある。これが現在ただ今、私たちのためにはたらいている、阿弥陀如来の本願力による二種回向である。

ところで、仏教には私たちが往相回向するための様々な方便が工夫されている。たとえば、禅家では座禅（只管打坐）が往相回向の手段とされている。しかし、私たち凡夫・群萌にとっての往相回向は、「真実教」を顕わす「教巻」の劈頭に明示されている「往相の回向について、真実の教行信証あり」ということによってしかありえない。私たちには、阿弥陀如来の「誓願一仏乗」（「行巻」聖典一九七頁）という本願を成り立たしめている二種回向によって、その本願に導かれて念仏成仏する往相回向があるだけである。

ともすると、私たちは、自分の知力や思索によって仏法に出遇い覚ったのであると思いがちである。それは私たちの存在そのものが、縁起的存在であるという自覚のない、自己過信にすぎない。そうであれば、仏教に説かれている独覚（自分で覚った者）となろう。時には、私たち人間自らの中に、成仏への根源的な欲求があり、それが本願の源であるという説明がなされることがある。しかし、そのような本願の源は、縁起的存在であり、本来的に空的存在である私たちにはありえないことであり、それも自我に基づいた知力・思索による人間理解としての、独善的な自己分析でしかない。凡夫・群萌の身である私たちは、如来の本願力における二種回向によって「真実証」に出遇い、そのための「真実教」に出遇い、釈尊の「等正覚」に目覚めさせられたのである。「遠く宿縁を慶べ」（「総序」聖典一四九頁）という親鸞の慶喜の一言につきよう。そして、その目覚めを自らの上にも体現したいと願う私たちに、本願を信楽する信心がすでに還相回向されている。私たちは、如来の本願力による二種回向がなければ、自らが縁起的存在であると自覚することもできなかっただけでなく、それができなければ、本願を信楽しようとする心も発こりえなかったであろう。この意味で、私たちの往相回向は、遇縁のままにありえているのであり、私たちの精進や修行によるものではない。ましてや、人間の根源にそのような往相への願望が内在しているわけではない。すべては、本願力としての他力である。そのことについて、たとえば、『教行信証』「行巻」において、

「発願回向」と言うは、如来すでに発願《ほつがん》して、衆生の行《ぎょう》を回施《えせ》したまうの心なり。

（聖典一七七〜一七八頁）

と述べられている。この「発願回向」という回向とは、如来の二種回向のことである。ちなみに、親鸞の聖教には、「発願回向」とか「本願力回向」という言葉が頻出するが、それらはすべて二種回向のことである。この発願・本願力という還相回向によって、衆生に往相回向がありえているという二種の回向である。発願という還相回向によって、衆生に行（念仏）がすでに回施されているからこそ、衆生の往相回向が可能となることが、ここに述べられている。そのことは、親鸞の『如来二種回向文』においても、

この本願力の回向をもって、如来の回向に二種あり。一には往相の回向、二には還相の回向なり。

往相の回向につきて、真実の行業あり、真実の信心あり、真実の証果あり。（中略）

二つに、還相回向というは、（中略）

これは如来の還相回向の御ちかいなり。これは他力の還相の回向なれば、自利・利他ともに行者の願楽にあらず。法蔵菩薩の誓願なり。（聖典四七六～四七七頁）

と説明されている。ここに明らかなように、往相回向とは、真実の行・信・証による私たちの往相回向のことである。そして、還相回向とは、如来の誓願であり、法蔵菩薩の誓願である。これについて、『正像末和讃』の中で、次のように詠われている。

如来二種の回向を　ふかく信ずるひとはみな
等正覚にいたるゆえ　憶念の心はたえぬなり　（聖典五〇二頁）

無始流転の苦をすてて　無上涅槃を期《ご》すること
如来二種の回向の　恩徳まことに謝しがたし　（聖典五〇四頁）

三　還相回向

これまで、私たちをして正定聚の位に住せしめ、必ず滅度（大般涅槃）に至らしめる本願力による往相回向について、「真実証」を顕らかにする「証巻」に述べられている内容を論究してきた。

ところで、仏教は成仏を願求する者のための教えである。成仏とは、釈尊によって知見された等正覚を共有することによって、自我の束縛から解放され、煩悩によって惹起される苦悩を消滅した涅槃を求めて生きる者となることである。それに対して、私たちは、そのような仏と成って生きる者となりたいと願望しつつも、相変わらず自我に愛着し、煩悩による愛憎異順の苦悩に塗れている。とうてい、煩悩による苦悩を断ち切った、涅槃を生きる者と成り得ないでいる現実がある。そのような私たちに対して、菩薩たちは「私はいつでも仏に成ることができるが、仏に成りたいと願うすべての人が仏に成らない間は、それまでは私も仏に成らない」と誓願した。「私はいつでも仏に成ることができる」とは往相回向であるが、それは「すべての人が仏に成らない間、私も仏に成らない」という誓願が、本願として成就する還相回向と同時的にありえるのが大乗の菩薩たちの誓願である。

特に、法蔵菩薩の誓願においては、阿弥陀如来の極楽浄土に往生するならば、そこにおいて滅度・大涅槃が実現されると、具体的にその方途と実現を提示している。

このような菩薩たちの誓願は、どうして可能なのであろうか。それはそうなって欲しいという単なる願望でもなく、ましてや理想や夢でもない。そうではなく、仏に成りたいと願って念仏する者となるならば、いかなる衆生であっても即座に正定聚に住する者となり、必ず仏に成って滅度（大涅槃）に至るという必然性が、菩薩たちにとっては自明であったからである。すなわち、菩薩たちにとっては、釈尊の等正覚によって生きとし生ける者のすべては、縁起的存在であるという事実が確認されていたからである。煩悩に苦悩する私たちであっても、釈尊と同じ縁起的存在である。縁起的存在であることに目覚めたが故にこそ、すべての人びとが大涅槃を証し必ず滅度に至ることができると、そのことを知見していたのが菩薩たちであったからである。縁起的存在であると目覚めた者は、等しく必ず滅度（大涅槃）に至るのである。したがって、自らが縁起的存在であるという自覚のない者にとっては、滅度（大涅槃）はありえないが、縁起的存在という身の事実に目覚めた者は、すでに滅度（大涅槃）に至る身であることに定っているのである。ということは、念仏する功徳によって、その利益として必ず滅度（大涅槃）に至るということではなく、すでに必ず滅度に至る身であることが確定しているから、そのことを歓喜して念仏する者となるのである。それ故に、それは仏恩報謝の念仏である。

ところが、このように釈尊と念仏者とは、共に縁起的存在として必ず滅度に至る者として同等でありながら、相異した生き方をしている。言い換えれば、釈尊と同じ浄土に生きながら、その浄土を煩悩にまみれた穢土にしているのが、私たちの現実である。『大経』において法蔵菩薩が、浄土を建立したと神話的に物語られていることによって、原理的には、縁起的存在であるが故に、必ずともに滅度に至る者として摂取不捨であり、仏凡一体であることが菩薩たちによって確認され、そのことに基づいて、「仏に成りたいと願う者はすべて仏に成さしめる」という阿弥陀如来の本願が、すでに成就していることを示唆している。そのことを信じる心が、本願となった如来の還相回向によって私たちに回施されているから、私たちは念仏する者となって生きる。それが「往相回向の心行」を獲た凡夫・群萌である。いうまでもなく、「心行」とは、信心と念仏である。このような往相回向については、次のような文章によって結ばれている。

それ真宗の教行信証を案ずれば、如来の大悲回向の利益なり。かるがゆえに、もしは因もしは果、一事として阿弥陀如来の清浄願心の回向成就したまえるところにあらざることあることなし。因浄なるがゆえに、果また浄なり。知るべしとなり。

（「証巻」聖典二八四頁）

ここに、私たちの往相回向は、「如来の大悲回向の利益」であると明示されている。如来の大悲回向とは、私たちに如来の智慧が大悲となって還相回向されていることによって、私たちの往相回向が実現されていくということである。如来の智慧が、大悲となって私たちに還相回向されていることによってこそ、私たちの「念仏成仏」という往相回向が必ず現実となる。そのことが説かれている必至滅度の願（証大涅槃の願）についての解釈を終えるに当たって、「因浄なるがゆえに、果もまた浄なり」と、因と果との関係で本願が説明されているが、そのことについては、すでに提示した『浄土三経往生文類』「大経往生」において、

念仏往生の願因によりて、必至滅度の願果をうるなり。（聖典四六八頁）

と明示されている。

続いて、「証巻」では、私たちを往相回向せしめるための如来の本願力として回向されている、還相回向が取り上げられている。還相回向は、『大経』に説かれる四十八願の第二十二願に基づいて説かれている。親鸞は、この還相回向の願について、次のように、

二つに還相《げんそう》の回向と言うは、すなわちこれ利他教化地《りたきょうけじ》の益《やく》なり。すなわちこれ「必至補処《ひっしふしょ》の願」より出でたり。また「一生補処の願」と名づく。また「還相回向の願」と名づくべきなり。『註論』に顕《あらわ》れたり。かるがゆえに願文を出《い》ださず。『論の註』を披《ひら》くべし。

（「証巻」聖典二八四頁）

と述べている。ここでは、第二十二願文を引証することなく、続いて、専ら天親（世親）菩薩の『浄土論』に説示されている「出第五門」（利他教化地）と、それに関わる曇鸞大師の『浄土論註』の全文を引証しているだけである。このように、親鸞は第二十二願を所依とする還相回向について、『浄土論』と『浄土論註』しか引証していないが、そこにどのような意図があるのか。ともかくも、『浄土論』と『浄土論註』からの引証に先立つ親鸞の還相回向についての言及は、この本文の中では『浄土論』に基づいた、

これ利他教化地の益なり。

（聖典二八四頁）

という一言である。以下の検証によっても明らかなように、還相回向の内容については、親鸞は自身の言葉で自らの了解を示すことなく、もっぱら『浄土論』と『浄土論註』から

の引証文だけに終始している。したがって、そこに引証されている『浄土論』と『浄土論註』の内容についての論究は、この二書に対する解読研究がなされなければならない。それには、詳細な研究が必要であり、本書では省略せざるをえない。ともかく、この還相回向についての親鸞の了解は、『浄土論註』における次の註釈文に基づいている。それは『浄土論』に、

いかんが回向する。一切苦悩の衆生を捨てずして、心に常に作願《さがん》す、回向を首《しゅ》として大悲心を成就することを得たまえるがゆえに。（聖典一三九頁）

という一文に対する註釈である。次のようである。

回向に二種の相あり。一には往相、二には還相なり。往相とは、己れが功徳をもって一切衆生に廻施して、作願《さがん》して共に彼の阿弥陀如来の安楽浄土に往生せしめんとなり。還相とは、彼の土に生じ已《おわ》りて、奢摩他《しゃまた》・毘婆舎那《びばしゃな》方便力成就することを得て、生死の稠林《ちゅうりん》に廻入《えにゅう》して、一切衆生を教化して、共に仏道に向かえしむるなり。若は往、若は還、皆衆生を抜きて生死海を渡らせんが為なり。是の故に、「回向を首と為して、

大悲心を成就することを得たまえが故に」と言えり。（真聖全一、三一六〜三一七頁）

この文を解読するためには、すでに説明した大乗仏教の仏道体系としての二種回向と「私はいつでも仏に成ることができるが、仏に成りたいと願うすべての人が仏に成らない間は、それまでは私も仏に成らない」という菩薩たちの誓願を想起すればよい。すでに述べたように、菩薩たちは「仏に成りたいと願うすべての人が仏に成って」浄土に往生するという衆生の往相回向と同時的に菩薩自身も「仏に成って」、衆生と共に浄土に往生するという自らの往相回向を誓願している。すなわち、「(衆生と)共に彼の阿弥陀如来の安楽浄土に往生せしめん」という往相回向である。ここに、菩薩も衆生も縁起的存在であり、本来的には空（ゼロ）であるという同じ地平に立って、ともに浄土に往生しようではないかと、菩薩たちは誘い、このように誓願したのである。これが「生死すなわち涅槃」という地平である。そして、「すべての人を仏に成らしめる」という誓願を成就して仏と成った菩薩たちは、衆生の教化のために如来となって還相回向に回入して、「一切衆生を教化して、共に仏道に向かえしむ」るのである。したがって、法蔵菩薩はその誓願が成就したことによって、衆生と共に往相回向して阿弥陀仏となり、それが阿弥陀如来の本願として還相回向して、さらに一切衆生を教化して往相回向に向かわしめるという菩薩の二種の回向が、ここには説明されている。主語も述語も菩薩であり、二種回向の主体はあくまでも菩薩である。具体的には、『大経』の法蔵菩薩である。この阿弥陀如来の本願における二種回向については、『高僧和讃』「曇鸞讃」に、三首をもって、次のように詠われている。

弥陀の回向成就して　往相還相ふたつなり
これらの回向によりてこそ　心行《しんぎょう》ともにえしむなれ

往相の回向ととくことは　弥陀の方便ときいたり
悲願の信行えしむれば　生死すなわち涅槃なり

還相の回向ととくことは　利他教化の果をえしめ
すなわち諸有に回入して　普賢《ふげん》の徳を修するなり

（聖典四九二頁）

ところで、親鸞は、「二種の回向」についての直接的な根拠となっている曇鸞大師の『浄土論註』のこの文を引証していない。それだけでなく、「還相回向の願」（第二十二願）についても、前掲の本文において、また「還相回向の願」と名づくべきなり。『註論』に顕れたり。かるがゆえに願文を出ださず。『論の註』を披くべし。（「証巻」聖典二八四頁）

と断っている。それはどういうことであろうか。『大経』におけるこの願文は、次のようである。

設我得仏、他方仏土、諸菩薩衆、来生我国、究竟必至、一生補処、除其本願自在所化、為衆生故、被弘誓鎧、積累徳本、度脱一切、遊諸仏国、修菩薩行、供養十方、諸仏如来、開化恒沙、無量衆生、使立無上正真之道、超出常倫、諸地之行現前、修習普賢之徳、若不爾者、不取正覚。（『大経』聖典一八〜一九頁）

この漢文は、次のように読まれるのが普通であり、サンスクリット文でも同様の構文になっている。

たとい我、仏をえたらんに、他方の仏土のもろもろの菩薩衆、我が国に来生して、究竟じて必ず一生補処にいたらん。その本願の自在の所化、衆生のためのゆえに、弘誓の鎧を被て、徳本を積累し、一切を度脱し、諸仏の国に遊び、菩薩の行を修し、十方の諸仏如来を供養し、恒沙無量の衆生を開化して、無上正真の道を立てしめ、常倫に超出し、諸地の行現前し、普賢の徳を修習せんをば除く。爾らずんば、正覚を取らじ。

と。ところが、『浄土論註』では、『大経』に説かれているこの「還相回向の願」（第二十二願）の願文について、本願力回向（本願力による二種回向）に立脚して、願文に続いて、次のように、

仏の願力によるがゆえに、常倫に超出し、諸地の行現前し、普賢の徳を修習せん。

（真聖全一、三四七頁）

という註釈を加えている。ここに、願文の中の「常倫に超出し」以下を「仏の願力による」と註釈している。親鸞はこの註釈に依って、この願文を解読したのであろう。ともかくも、親鸞は、次のように解読している。

たとい我、仏をえたらんに、他方の仏土のもろもろの菩薩衆、我が国に来生して、究

竟して必ず一生補処にいたらん。その本願の自在の所化、衆生のためのゆえに、弘誓の鎧を被《き》て、徳本を積累し、一切を度脱し、諸仏の国に遊び、菩薩の行を修し、十方の諸仏如来を供養し、恒沙無量の衆生を開化して、無上正真の道を立せしめんをば除かんと。常倫に超出し、諸地の行現前し、普賢の徳を修習せん。もし爾らずば、正覚を取らじ。

（『親鸞聖人全集』漢文篇（四十八誓願）一六六頁。『浄土三経往生文類』聖典四七〇～四七一頁、『如来二種回向文』聖典四七七頁、参照）

と。このように、『浄土論註』の指摘に従って解読したために、「『註論』に顕れたり。かるがゆえに願文を出ださず。『論の註』を披くべし」と、願文の引証を省略したのであろうか。その理由については、親鸞自身による説明はない。ともかくも、『大経』に説かれている還相回向の願文（第二十二願）については、親鸞は、『浄土論註』に基づいた解読をしている。

かくして、親鸞は、還相回向について、次のように述べて、「証巻」の結びとしている。

しかれば大聖《だいしょう》の真言《しんごん》、誠に知りぬ。大涅槃を証することは、願力の回向に藉《よ》りてなり。

還相の利益は、利他の正意を顕《あらわ》すなり。ここをもって論主（天親）は広大無碍《むげ》の一心を宣布して、あまねく雑染堪忍《ぞうぜんかんにん》の群萌《ぐんもう》を開化《かいけ》す。宗師（曇鸞）は大悲往還の回向を顕示して、ねんごろに他利利他の深義《じんぎ》を弘宣《ぐせん》したまえり。仰ぎて奉持《ぶじ》すべし、特に頂戴《ちょうだい》すべしと。

（「証巻」聖典二九八頁）

ここに、如来の智慧が本願力となって還相回向されていることによって、凡夫・群萌の大涅槃の証得が実現される。そのことが「還相の利益は、利他の正意を顕す」と述べられているが、それは「証巻」の最初に「利他円満の妙位」と顕示されているそのことに他ならない。この第二十二願を所依とする還相回向については、先の『浄土三経往生文類』「大経往生」では、往相回向に対する論釈を終えて、続いて次のように述べられている。

還相回向というは、『浄土論』に曰わく、「以本願力回向故、是名出第五門」これは還相の回向なり。一生補処の悲願にあらわれたり。

（聖典四七〇頁）

と。ここでは、「証巻」における「これ利他教化の益なり」が、より具体的に、「本願力の回向をもってのゆえに、これを出第五門と名づく」という『浄土論』の一文を引証して、これが第二十二願（一生補処の悲願）に表されている還相回向であると端的に提示されている。ちなみに、この一文は『浄土論』における次のような文脈において説示されている。

出第五門というは、大慈悲をもって一切苦悩の衆生を観察して、応化身《おうけしん》を示して、生死《しょうじ》の園《その》・煩悩の林の中に回入《えにゅう》して、神通《じんずう》に遊戯《ゆげ》し教化地《きょうけじ》に至る。本願力の回向をもってのゆえに、これを出第五門と名づく。（聖典一四四～一四五頁）

『浄土三経往生文類』では、引き続いて、「大慈大悲の願」として第二十二願の願文が引かれ、

この悲願は、如来の還相回向の御ちかいなり。（聖典四七一頁）

と、還相回向について述べて、「大経往生」の解説を終えている。かくして、その最後に、二種回向について次のように、再度確認している。

如来の二種の回向によりて、真実の信楽《しんぎょう》をうる人は、かならず正定聚《しょうじょうじゅ》のくらいに住

するがゆえに、他力ともうすなり。（聖典四七一頁）

この二種回向については、『和讃』の中で数多く詠われているが、これまでの論旨を踏まえて、たとえば、親鸞は『皇太子聖徳奉讃』に、如来の二種の回向について、次のように詠われている。

他力の信をえんひとは　仏恩報ぜんためにとて
如来二種の回向を　十方にひとしくひろむべし（聖典五〇八頁）

五、「証」についての決判

一　行証久しく廃れ

「証」に関わる事柄として、『教行信証』「化身土巻」末の最後、「後序」と称せられているその劈頭に、次のように述べられている。

聖道の諸教は行証久しく廃《すた》れ、浄土の真宗は証道いま盛《さかり》なり。しかるに諸寺の釈門、教に昏《くら》くして真仮《しんけ》の門戸《もんこ》を知らず、洛都《らくと》の儒林《じゅりん》、行に迷うて邪正《じゃしょう》の道路を弁《わきま》うることなし。

（聖典三九八頁）

このような「聖道の諸教は行証久しく廃れ、浄土の真宗は証道いま盛なり」という明確な決判は、七祖の第四祖である道綽禅師の『安楽集』に基づいているとされているが、ここに「行による証」は廃れ、「証への道」は盛んであると提示されているが、「行による証」を前提としている「聖道の諸教」の各別については、親鸞によって『愚禿鈔』などに列挙されている。その具体的な様相については、たとえば、聖覚法印の『唯信鈔』にも、次のように説明されている。

聖道門というは、この娑婆世界にありて、行をたて功をつみて今生に証をとらんとはげむなり。いわゆる、真言をおこなうともがらは、即身に大覚のくらいにのぼらんとおもい、法華をつとむるたぐいは、今生に六根の証をえんとねがうなり。まことに教の本意、しるべけれども、末法にいたり濁世におよびぬれば、現身にさとりをうること、億億の人の中に一人もありがたし。これによりて、いまのよにこの門をつとむる人は、即身の証においては、みずから退屈のこころをおこして、あるいは、はるかに慈尊の下生を期して、五十六億七千万歳のあかつきのそらをのぞみ、あるいは、とおく後仏の出世をまちて、多生曠劫《たしょうこうごう》、流転生死《るてんしょうじ》のよるのくもにまどえり。あるいは、わずかに霊山《りょうぜん》・補陀落《ふだらく》の霊地をねがい、あるいは、ふたたび天上人間の小報をのぞむ。結縁《けちえん》まことにとうとむべけれども、速証すでにむなしきににたり。ねがうところ、なおこれ三界のうち、のぞむところ、また輪回の報なり。なにのゆえか、そこばくの行業慧解《えげ》をめぐらして、この小報をのぞまんや。まことにこれ大聖をさることとおきにより、理ふかく、さとりすくなきがいたすところか。（聖典九一六頁）

これが、当時の日本における聖道の現実の様相であったのであろう。このような様相を呈するに至ったのは何故であろうか。聖覚がいうように「大聖をさることとおきにより、理ふかく、さとりすくなきがいたすところか」ということであろうか。仏教における「証」についての究明によってもすでに説示されたように、釈尊によって否定された「私」という自我の存在（自力）を前提とした賢善精進・自力作善を立脚地としてしまった聖道門の行証であるからではなかろうか。皮肉なこととしかいいようがない。親鸞は、このような現実を前にして「教に昏くして真仮の門戸を知らず、（中略）行に迷うて邪正の道路を弁うることなし」と、このことを「教に昏くして、行に迷う」と厳しく指弾している。先に提示した道元禅師の「修証一等云々」（本書四四～四五頁）が思い起こされる。

すでに管見したように、『大経』（浄土経典）において、釈尊が等正覚を成しとげ仏と成り、その内実である涅槃の境地を、その入滅において大般涅槃として完結されたと説かれているが、この事実によって、私たちが同じく仏に成る「証」が、この歴史上のものとなった。しかし、その「証」は、仏と成ることを願うすべての人びとのためのものであったにもかかわらず、出家者である仏弟子たちに占有され閉鎖されてしまった。そこでは、知見された「証」を、自らの努力によって自身の上に体現しようと真摯に取り組まれていたにちがいない。しかし、私にとっては想像でしかないが、「証」として顕らかにされた涅槃という真実は、生死を生きる身の上には完結しようもなかったのではなかろうか。何故ならば、釈尊の目覚めによって明らかにされた「証」は、釈尊自身においても生死を終える入滅において、滅度・大般涅槃を示現し証明されて完結されたと、「証」の二重性が浄土経典（『大経』）に説かれているからである。そうであるならば、「証」は生死に生きる身には完結が不可能であるのに、それを体現しようとして、そのためにそれを未来へと理想化し難行化せざるをえなかったのであろう。そして、それを獲得するために、さらなる未来世への転生を何度も繰り返す修道を必要とせざるをえなかった。これが、聖道の一つの在り方であった。

そのような出家者の仏道に対して、釈尊の等正覚は「縁起の道理」に基づく「証」であるという、「証」の本質を知見したところに成立する菩薩精神は、「証」はそれを求めるすべての人びとのために開示され、すべての人びとを仏に成らしめようとする大乗の菩薩たちとして出現した。なぜならば、釈尊も凡夫・群萌も共に「証」によって知見された縁起的存在という同じ地平に立っているという、仏凡一体の確認の上に菩薩精神は成り立っているからである。その菩薩精神によって、私たち凡夫・群萌が、「証」の極果を獲得できる道が開かれた。いうまでもなく、菩薩精神とは、証の極果を私たちに実現させるための精神力のことであり、大乗経典に登場する菩薩たちは、その経典に説かれている菩薩精神の現れとして存在する者である。したがって、大乗の菩薩たちというのは、この世間に実際に存在した者ではなく、菩薩精神の表現として経典の中に登場した者であるから、生死に生きる私たちは、それを疑いなく慮りなく仰信して「証への道」を歩むべきであるのに、生死を生きる自らがその菩薩になろうとした。すなわち、賢善精進の善人になろうとしたために引き起こされた仏道が、もう一つの聖道といえるであろう。私たちをして生死を出離せしめようとする大慈悲を内実としている菩薩精神を、生死を生きる自らの身に具現化しようとしたが、当然のことながら、それが体現され得ないため、さらなる未来世にそれを託さざるをえなくなったのであろう。このことは皮肉にも、現代のヒューマニズムにも当てはまることであろう。「世のため人のため」と生涯をかけて悪戦苦闘してきた人が、ついにはその理想の実現を次世代の子どもたちに託さざるをえなくなり、空しく人生を終えていかなければならなくなる、その生き方に重なるであろう。

これらの聖道において、決定的に欠落していたのは、釈尊によって顕かにされた「証」が、自身が生老病死に苦悩しつつ生死に生きる身であるという人間の業への自覚の深まりのないままに受容されたことであろう。そのために、それは対象化され理想化され、そして、深遠化されざるをえなかったといえるのではなかろうか。

このような聖道の諸教における行証（自力の行による証）の現実を目の当たりにして、親鸞は、次のように『正像末和讃』で悲嘆している。

末法五濁の有情の　　行証かなわぬときなれば
釈迦の遺法ことごとく　　龍宮にいりたまいにき
（聖典五〇〇頁）

このような仏教の様相に加えて、当時の日本における顕密仏教は、七一八（養老二）年に制定された僧尼令、仏教を律令国家体制に組み込むために作られた僧尼統制の法令によって、国家によって認定された僧尼による仏教のみが正当な仏教であるという政治的制約があった。そのことは、承元の法難をもたらした、法然上人の念仏宗に対する批判を九失として挙げた『興福寺奏状』の第一にあげられている「新宗を立つる失」のなかで「すべからく公家に奏して以て勅許を待つべし」といい、その最後の第九にあげられている「国土を乱る失」のなかで、「仏法・王法猶し身心のごとし」といわれている、このことによってでも明らかであろう。そこには、釈尊の「証」（等正覚）を自らの課題としている仏教の本来性のために存在している僧伽（サンガ）ではなく、ただ国家権力によって保持されている世俗化した仏教があるのみであった。鎮護国家を最大の仏事とした平癒祈願や加持祈禱など、そこには、「証」を目的とする仏教本来の姿はなく、民間信仰や俗信に迎合する現実があるだけであった。このことについて、親鸞は、次のように『正像末和讃』「愚禿悲嘆述懐」の中で悲嘆述懐している。

五濁増のしるしには　この世の道俗ことごとく
外儀《げぎ》は仏教のすがたにて　内心外道を帰敬《ききょう》せり

かなしきかなや道俗の　良時吉日《きちにち》えらばしめ

天神地祇をあがめつつ　卜占祭祀《ぼくせんさいし》をつとめとす
僧ぞ法師のその御名は　とうときこととききしかど
提婆五邪の法ににて　いやしきものになづけたり
外道梵士尼乾志《げどうぼんじにけんじ》に　こころはかわらぬものとして
如来の法衣をつねにきて　一切鬼神をあがむめり
かなしきかなやこのごろの　和国の道俗みなともに
仏教の威儀をもととして　天地の鬼神を尊敬《そんきょう》す
（聖典五〇九頁）

二　証道いま盛なり

聖道の諸教における行証に対して、「浄土の真宗は証道いま盛なり」（「後序」聖典三九八頁）という、その「証道（証への道）」については、これまでの論究によって明らかであろう。それが「浄土の真宗」としての釈尊の出世本懐の「真実教」である。次の第三章において、「教巻」に順じながらそれを詳説しなければならないが、一言だけ述べるならば、釈尊によって顕かにされた「証」を目の当たりにして、生死に生きる私たちは「愚」の自覚なくしてはありえないということである。親鸞は、自らを「愚禿釈親鸞」と名乗っているが、親鸞自身によって、

釈というは、釈尊の御弟子とあらわすことばなり。（『尊号真像銘文』聖典五二〇頁）

と明記され、それは仏弟子であることを意味し、また、「禿」については、

僧にあらず俗にあらず。このゆえに「禿《とく》」の字をもって姓《しょう》とす。（「後序」聖典三九八～三九九頁）

と明記され、それは姓を意味している。そして、「愚」については、親鸞による具体的な説明はなされていないが、釈尊の「証」に出遇った仏弟子の自覚を意味しているというべきである。それは心底から頷いた真実であるからこそ、その真実に出遇いながら、それに背いて生きている者の自覚は「愚」を内実とせざるをえない。生死を勝過する真実に出遇

い、そのように生きる者と成りたいと願えば願うほど、生死に愛着し、生死の延長を求めて生きている、どうにもならない自身の現実に向き合って「愚」が自覚され、それは自覚という知見を超えて、身の事実となって深化されていく。それが「証への道は、いま盛んである」ということの具体的な内実となっていたというべきであろう。

第三章　親鸞における「真実教」とは何か

一、「真実教」を顕わす「教巻」における「教」

一　真実証のための真実教

凡夫であり群萌である私たちにとっての「証」とは、「証巻」において明らかにされている「真実証」であり、それは阿弥陀如来の本願となった還相回向によって、私たちが往相回向するという本願力の二種回向に基づいた「真実証」である。そして、この「真実証」のための「教」が「真実教」である。その「真実教」に対する考察に先立って、親鸞は、『教行信証』「総序」の末尾に、次のように宣言している。

大無量寿経　真実の教
　　　　　　浄土真宗
（聖典一五〇頁）

これら三句の関係は、次のようになるであろう。『大経』は、浄土三部経の中の根本となっている経典である。なぜならば、浄土思想の立脚地である阿弥陀如来の本願が説かれているからである。その本願によって、私たち凡夫・群萠が仏と成っていく往相回向としての念仏道があり、その本願を信じて生きる者となる。それが、私たちにとっての「真実の教」である。「真実の教」とは、私たち凡夫・群萠が正定聚に住する者となり、釈尊の等正覚と同じ位となって、必ず滅度（大涅槃）に至る教えのことである。その「真実の教」を宗（枢要）としているのが、「浄土真宗」すなわち『教行信証』である。そうであるからこそ、「浄土真宗」は、これから顕示される「真実教」のみに止まるのではなく、続いての「真実行」から「化身土」に至る『教行信証』全六巻に通徹する基本である。そのことのために、親鸞は、この宣言に続いて、

顕真実教　一
顕真実行　二
顕真実信　三
顕真実証　四
顕真仏土　五
顕化身土　六

（「総序」聖典一五〇～一五一頁）

と、『教行信証』の六巻の巻名を列挙した上で、「真実教」を顕示している「教巻」の所説が開始されている。

ちなみに、時として、「浄土真宗」は「特別な教え」であるといわれ、「別途《べつず》の法門」（凡夫が浄土へ往生するという如きは浄土教における独特の教え）という言われ方もなされている。これは聖道の諸教からの侮辱的表現であろうか、それとも浄土真宗における独善的表現であろうか。何れであっても、「浄土真宗」は、決して「別途の法門」ではなく、成仏を願うすべての人びとのための普遍的な「真実の教」である。

その浄土真宗について、親鸞は「真実教」を顕わす「教巻」の劈頭で、次のように述べている。

謹《つつし》んで浄土真宗を案ずるに、二種の回向《えこう》あり。一つには往相《おうそう》、二つには還相《げんそう》なり。往相の回向について、真実の教行信証あり。

それ、真実の教を顕《あらわ》さば、すなわち『大無量寿経』これなり。

（聖典一五二頁）

ここに、親鸞は「真実教」である浄土真宗を開顕するにあたり、その劈頭に「二種の回向あり」と、浄土真宗には往相と還相との二種の回向があると示している。この「二種の回向」については、すでに第二章において明らかにしたが、親鸞は、それを曇鸞大師の『浄土論註』に基づいて了解している。しかし、親鸞は、その二種回向についての『浄土論註』の注釈文は『教行信証』のどこにも直接に言及していない。

それにも関わらず、何故に、冒頭においてこのような確認がなされたのであろうか。「真実教」と二種の回向とは、どのような関係性を持っているのであろうか。この二種の回向については、すでに先章において、仏教における回向思想に基づいて論究したとおりである。そのことから明かなように、「真実教」はもとより、真実行も真実信も、そして真実証も共に阿弥陀如来の本願によって還相回向されている。そのことによってのみ、私たちの往相回向のための「真実の教行信証」はありえているという基本的な確認がなされた。それを確認した上で、私たち凡夫・群萠が往相回向するための「真実教」とは、『大経』であると確定されている。このことは、他の諸々の大乗経典に比べて、『大経』の方が真実教であるという、単なる教相判釈的な事柄がここで提示されているということではない。他経と比べるような相対的な確定ではなく、如来の本願力となった還相回向によってのみ、凡夫・群萠にとっての往相回向がある。そのことによって「真実教」は実質をもつのである。そのような、私たちにとっての「真実教」は、『大経』以外にはありえないという確定である。

再度確認するならば、阿弥陀如来の智慧が本願として還相回向されていることによって、私たちの往相回向がありえる。それが煩悩成就の凡夫・群萌が、現生に正定聚の位に住して、必ず滅度に至るという、迷える者が覚れる者と成っていく方向性、それが内容転換としての往相回向である。その方向性が実現される仏道が、阿弥陀如来の本願として還相回向されている。これが本願力の二種回向である。私たちの往相回向のためには、真実の教・行・信・証がある。その往相の回向の中の真実の教が、『大経』に説かれているということである。

二　『大経』の宗致

「真実教」が説かれている『大経』について、続いて、「教巻」では、次のように述べている。

この経の大意は、弥陀、誓いを超発《ちょうほつ》して、広く法蔵を開きて、凡小を哀れみて、選びて功徳の宝を施することをいたす。釈迦、世に出興《しゅっこう》して、道教を光闡《こうせん》して、群萌《ぐんもう》を拯《すく》い、恵むに真実の利をもってせんと欲してなり。ここをもって、如来の本願を説きて、

経の宗致とす。すなわち、仏の名号をもって、経の体とするなり。（聖典一五二頁）

ここに『大経』の大意が明らかにされている。これによって、『大経』がどのような理由で「真実教」とされているかが具体的に明示されている。この一文について、簡単に敷衍すれば、阿弥陀如来が本願を発して、広く仏法の蔵を開いて、自らの力で「覚り」を成しとげ仏と成ることなどできない凡小（凡夫・群萌）を哀れんで、仏法の蔵の中から凡小が仏に成れる仏法を選び出して、その「功徳の宝」（念仏）を施そうとしたのである。なぜならば、釈尊は、この世にお生まれになって、仏教をひろめて、群萌（仏に成りたいと願うすべての人びと）を仏に成らしめるために、「真実の利」（阿弥陀如来の本願）を恵もうとされているからである。このようであるから、阿弥陀如来の本願を説くことを『大経』の宗致」（枢要の究極）としている。すなわち、仏の名号（南無阿弥陀仏）をもって『大経』の体（具体的な体現）とするのである、と。

この「経の大意」には、浄土真宗の骨格が明示されている。この中で、阿弥陀如来が発した本願については「功徳の宝を施することをいたす」と述べられ、世尊出世の本意は「恵むに真実の利をもってせんと欲してなり」と述べられ、「如来の本願を説きて、経の宗致とす」と述べられている。このように、「功徳の宝」と「真実の利」と「経の宗致」ということが提示されている。

まず、「功徳の宝を施す」に関しては、親鸞の『一念多念文意』において、次のように説明されている。

（真実功徳大宝海という）真実功徳ともうすは、名号なり。一実真如の妙理、円満せるがゆえに、大宝海にたとえたまうなり。一実真如ともうすは、無上大涅槃なり。涅槃すなわち法性《ほっしょう》なり。法性すなわち如来なり。宝海ともうすは、よろずの衆生をきらわず、さわりなく、へだてず、みちびきたまうを、大海のみずのへだてなきにたとえたまえるなり。（聖典五四三頁）

次に、釈尊による「真実の利」についても、同じく『一念多念文意』の中で、次のように説明されている。

「真実之利」ともうすは、弥陀の誓願をもうすなり。しかれば、諸仏のよよにいでたまうゆえは、弥陀の願力をときて、よろずの衆生をめぐみすくわんとおぼしめすを、本懐とせんとしたまうがゆえに、真実之利とはもうすなり。（聖典五四二頁）

ここに、釈尊は、群萌（仏に成りたいと願うすべての人びと）に、本当の幸せ（浄土に往生すること）をもたらしたいとして出世されたのであるから、それを実現するために、阿弥陀如来の本願を説かれたのであると表明されている。この故にこそ、『大経』は「真実教」である。

また、「如来の本願を説きて、経の宗致とす」と述べられている、その「経の宗致」についでは、先に引用した『浄土三経往生文類』の「大経往生」に対する説明の中にも見いだされる。あらためてそれを示すと、次のようである。

大経往生というは、如来選択の本願、不可思議の願海、これを他力ともうすなり。これすなわち念仏往生の願因によりて、必死滅度の願果をうるなり。現生に正定聚のくらいに住して、かならず真実報土にいたる。これは阿弥陀如来の往相回向の真因なるがゆえに、無上涅槃のさとりをひらく。これを『大経』の宗致とす。（聖典四六八頁）

ここでは、阿弥陀如来の本願を信じ、念仏して仏に成りたいと、浄土を願生するすべての人を浄土に往生せしめんとする念仏往生の願が因となって、必至滅度の願が果として得られる。このことによって、ただ今の身が正定聚の位に住して、必ず真実報土にいたらしめられ、「証」の完結態としての無上涅槃の覚りをひらかしめられる、これが『大経』の宗致とされている。すなわち、「如来の本願」を説くことを『大経』の宗致とするということは、具体的には、このことを指している。

このような親鸞によって明示されている「経の大意」については、従来から、法然上人の『黒谷聖人語燈録』（漢語第一の二）に基づいたものとされている。それは次のようである。

大意とは、釈迦世尊、無勝浄土を捨てて、この穢土に出で、浄土教を説いて、衆生を勧誘し、浄土に生ずるを得しめんと欲するがため、弥陀如来、この穢土を捨て、彼の浄土に出で、穢土の衆生を引導し、浄土に生ずるを得せしめんと欲するがためなり。これ即ち、諸仏浄土を摂取し、穢土に出興し給ふ本意なり。善導和尚云く、釈迦は斯の方に発遣し、弥陀は即ち彼の国より来迎す。彼に喚ばへ、此に遣す等云々。これ乃ち此の経の大意なり。

（大正八三、一〇五頁中）

三　誓願不思議

ところで、「『大経』の宗致」とは、世尊と同じく仏と成ることを願うすべての衆生を、仏（覚った者）と成らしめることである。そして、自らが仏に成るためには、仏に成りたいと願うすべての衆生を、一人漏らさず仏に成らしめたいと誓願したのが大乗の菩薩たちである。菩薩たちは、基本的には、「私はいつでも仏に成ることができるが、仏に成りたいと願うすべての人が覚りを成し遂げて仏と成らない間は、それまでは私も仏と成らない」と誓願した。これが、十方衆生の成仏を願う菩薩精神である。

菩薩たちの、このような摂取不捨という誓願は、どうして可能なのであるかについては、すでに解明した通りである。あらためて略述すれば、私たちは、いかに煩悩による愛憎違順の苦悩にまみれていようとも、仏に成りたいと求めてやまないならば、仏と成ることができる。その必然性は、菩薩たちにとっては自明であったからである。その理由は、私たちは釈尊の等正覚によって明らかとなっている、縁起的存在であるという身の事実を知らずに、自我による我欲のままに生きているが、そのような私たちであっても、すでに縁起的存在として「縁起するいのち」を生きている、「生かされている私」を生きているという、その事実が菩薩たちによって確認されていたからである。親鸞は、そのような菩薩たちの確認を、『浄土三経往生文類』「大経往生」として明確に提示している。すなわち、『大経』において、菩薩精神が法蔵菩薩の誓願として具体化され、その第十八願に、

たとい我、仏を得んに、十方衆生、心を至し信楽して我が国に生まれんと欲うて、乃至十念せん、もし生まれずは、正覚を取らじ。唯五逆と正法を誹謗せんをば除く。
（聖典一八頁）

と説かれ、その第十一願に、

たとい我、仏を得んに、国の中の人天、定聚に住し必ず滅度に至らずんば、正覚を取らじ。
（聖典一七頁）

と説かれ、この二願を内容した願成就文が、『大経』下巻の劈頭に説かれている。願成就文とは、阿弥陀如来の本願が仏国（極楽浄土）において成就していることを説いている証文である。それは次のようである。

それ衆生ありてかの国に生ずれば、みなことごとく正定の聚に住す。所以は何ん。かの仏国の中には、もろもろの邪聚および不定聚なければなり。十方恒沙の諸仏如来、みな共に無量寿仏の威神功徳の不可思議なることを讃歎したまう。あらゆる衆生、その名号を聞きて、信心歓喜せんこと、乃至一念せん。心を至し回向したまえり。かの国に生まれんと願ずれば、すなわち往生を得て不退転に住す。唯五逆と誹謗正法とを除く。

（聖典四四頁）

『浄土三経往生文類』では、この願成就文の前半は、第十一願についての「必至滅度・証大涅槃の願成就文」として「それ衆生ありてかの国に生ずれば、みなことごとく正定の聚に住す」と確定され、その後半は、第十八願についての「称名信楽の悲願成就文」として、「かの国に生まれんと願ずれば、すなわち往生を得て不退転に住す」と確定されている。この確定こそが、本願成就に他ならない。それこそが「『大経』の宗致」である。

いうまでもなく、本願とは、仏に成りたいと願うすべての人びとを成仏せしめずにはおかないという誓願である。したがって、仏に成りたいという欲求が私たちの身に湧き起こる遇縁なくして、本願は意味をなさない。すなわち、「仏法聞き難し、いますでに聞く」（三帰依の前文）という感動が前提となっていなければならない。釈尊の等正覚による

「証」を知見して、大般涅槃を自らの身に体現したいという仏法との出遇いなくして、それはありえない。私たち人間の側には、仏法に縁があっても聞く耳を持たない人びとも多い。人間の側には、本願に出遇える資質を本来的にもちあわせていると、人間そのものに肯定すべき積極的な本質があると主張する人もいるが、はたしてそうであろうか。私たちに、本願への根源的な欲求が本来的に備わっているというのは、私たちが縁起的存在であるという、仏教の基本からはありえないからである。ただ阿弥陀如来の側から、本願が還相回向されているだけである。その本願への信楽が、私の上に発起したということは、私が本願に出遇ったということよりも、遇縁のままに本願が私となったのであるとしかいいようがない。

縁起的存在という身の事実は、釈尊のように仏陀となって浄土に生きる者となっていても、私たちのように煩悩にまみれてその浄土を穢土にして生きている者であっても、釈尊も私たちも、ともに成仏すべき身として平等の地平に立ち、仏凡一体であるということである。『大経』には、法蔵菩薩が浄土を建立し、それが阿弥陀如来の極楽・安楽国であると神話的に物語られているが、それは思想的には、この仏凡一体の事実を表明しているのである。すなわち、私たち凡夫も釈尊と同じ浄土に現に生きているという身の事実を、菩薩たちは知見していたからである。自我に束縛されている私たちは、その身の事実を自らの上に確認することを拒絶して生きているが、菩薩の誓願によってそれを信知せしめられ、釈尊と同じ浄土に生きている者であると目覚めさせられたとき、私たちは、その浄土を穢土にしている罪悪・罪濁の身であることを思い知らされる。このようにして、釈尊と同じ浄土にいながら、それを穢土にしているのが私たちであると思い知らされるとき、『唯摩詰所説経』「仏国品第一」に説かれている有名な一文が思い起こされる。それは次の如くである。

もし菩薩、浄土を得むと欲せばまさにその心を浄くすべし、その心の浄きに随ってすなわち仏土の浄かるべし。（大正一四、五三八頁下）

ここに「心の浄きに随って」という表現は、先に第一章の中で「釈尊における『証』」を管見したが、そこに引用した『七仏通戒偈』の第三句「自浄其意」と重なるであろう。そうであるからこそ、真に浄土に生きる者と成りたいと願わずにはいられない。願生浄土を生きる者となる。

この菩薩の誓願について、たとえば、『歎異抄』の第一章に、次のように述べられている。

弥陀の誓願不思議にたすけられまいらせて、往生をばとぐるなりと信じて念仏もうさんとおもいたつこころのおこるとき、すなわち摂取不捨の利益にあずけしめたまうなり。弥陀の本願には老少善悪のひとをえらばれず。ただ信心を要とすとしるべし。そのゆえは、罪悪深重煩悩熾盛の衆生をたすけんがための願にてまします。しかれば本願を信ぜんには、他の善も要にあらず、念仏にまさるべき善なきゆえに。悪をもおそるべからず、弥陀の本願をさまたぐるほどの悪なきがゆえにと云々　（聖典六二六頁）

ここには、「真実教」が見事に的確に説示されている。この一文を正確に了解するためには、最初の「誓願不思議にたすけられまいらせて、往生をばとぐるなり」という一文についての明確な了解が必要であろう。まず「誓願不思議」については、親鸞の『唯信鈔文意』の一文が参考になろう。この一文は、聖覚法師の『唯信鈔』に証文として引用されている、『浄土五会念仏略法事儀讃』の諸句に対する解説の一部である。それは、次のようである。

具縛《ぐばく》の凡愚、屠沽《とこ》の下類、無碍光仏の不可思議の本願、広大智慧の名号を信楽すれば、煩悩を具足しながら、無上大涅槃にいたるなり。具縛は、よろずの煩悩にしばられたるわれらなり。煩は、みをわずらわす。悩は、こころをなやますという。屠は、よろずのいきたるものを、ころし、ほふるものなり。これは、りょうしというものなり。沽は、よろずのものを、うりかうものなり。これは、あき人なり。これらを下類というなり。「能令瓦礫変成金《がりゃくへんじょうこん》」というは、「能」は、よくという。「令」は、せしむという。「瓦」は、かわらという。「礫」は、つぶてという。「変成金」は、「変成」は、かえなすという。「金」は、こがねという。かわら・つぶてをこがねにかえなさしめんがごとしと、たとえたまえるなり。りょうし・あき人、さまざまのものは、みな、いし・かわら・つぶてのごとくなるわれらなり。如来の御ちかいを、ふたごころなく信楽すれば、摂取のひかりのなかにおさめとられまいらせて、かならず大涅槃のさとりをひらかしめたまうは、すなわち、りょうし・あき人などは、いし・かわら・つぶてなんどを、よくこがねとなさしめんがごとしとたとえたまえるなり。

（聖典五五二～五五三頁）

ここに、「無碍光仏の不可思議の本願、広大智慧の名号を信楽すれば、煩悩を具足しながら、無上大涅槃にいたるなり」と述べられ、「如来の御ちかいを、ふたごころなく信楽すれば、摂取のひかりのなかにおさめとられまいらせて、かならず大涅槃のさとりをひらかしめたまう」と述べられているように、私たちが煩悩を具足したままで、無上大涅槃に至る、それを瓦礫（いし・かわら・つぶて）を金（こがね）に変成するようなものであると譬えられている。しかし、いし・かわら・つぶてを、どれほど磨いてもこがねになることなどは、この世間においてはありえない。それと同じように、煩悩成就の凡夫である私たちが、どれほど世間的な精進・修行をして自己を磨いても、無上大涅槃に至ることはありえない。それはあたかも、瓦礫をどんなに磨いても黄金にはならないようなものである。この瓦礫を黄金に変成するという比喩は、私たちの常識においてはありえない。その常識が、釈尊によって示現された大般涅槃・無上大涅槃を知見した菩薩の誓願において打ち破られている。それが本願力回向における私たちの往相回向である。そのようなことは私たちにとっては、不思議という他はない。そのことを歓喜しつつ、菩薩の誓願を信楽して生きる者となる。それが誓願不思議である。この誓願不思議が、どこで成り立っているかについては、先に考察したように、菩薩の仏凡一体という知見、すなわち「縁起＝空」という知見に基づいて、それが誓願されている。

この誓願に「たすけられまいらせて、往生をばとぐる」のである。ここに「たすけられ」ということは、仏陀に成りたいと願う者を仏に成らしめようと助けてくれるということである。かくして、私たちは往生をとげて仏と成り、大涅槃に至らしめられるのである。

念仏者とは、そのことを信楽して念仏成仏の仏道を生きる者となることである。いうまでもなく、「たすけられ」ということは、世間的な様々な苦悩から私たちを助けてくれるという、人道的なことではない。

余計なことかもしれないが、この一文において、りょうし（漁師・猟師）・あき人（商売人）などを、いし・かわら・つぶてに譬え、「いし・かわら・つぶてのごとくなるわれら」という親鸞の言葉が、支配者に虐げられ差別されている被支配者のことであるという解釈が、かつて、マルキシズムの信奉者によってなされたことがあり、今なお、そのような解釈が残存している。それは、敗戦後の日本の教育界・思想界を覆ったマルキシズムに迎合した解釈といえよう。ここに引用した親鸞の『唯信鈔文意』の一文から、そのような解釈を引きだそうとすることは強引であろう。いうまでもなく、この一文は、世間的な人道ではなく、出世間・出離のための仏道を示しているからである。

私たちは、日常的に生活のことに没頭し、そのことのみを第一として生きているが、そのような私たちの生き様を、具縛の凡愚、屠沽の下類として、「りょうし・あき人、さまざまのものは、みな」と表現し、それを「いし・かわら・つぶて」に譬えているのである。「りょうし・あき人、さまざまのものは、みな」が、「いし・かわら・つぶて」に譬えられていることについては、蓮如上人の『御文』において、次のように押えられている。この了解こそが、「いし・かわら・つぶてのごとくなるわれら」についての正しい受け取りというべきであろう。

当流の安心のおもむきは、あながちに、わがこころのわろきをも、また、妄念妄執のこころのおこるをも、とどめよというにもあらず。ただあきないをもし、奉公をもせよ、猟、すなどりをもせよ、かかるあさましき罪業にのみ、朝夕まどいぬるわれらごときのいたずらものを、たすけんとちかいまします弥陀如来の本願にてましますぞとふかく信じて、一心にふたごころなく、弥陀一仏の悲願にすがりて、たすけましませとおもうこころの一念の信まことなれば、かならず如来の御たすけにあずかるものなり。（聖典七六二頁）

これによっても明らかなように、朝から晩まで生活のためだけに没頭して生きている生き方を、蓮如上人は、「あさましき罪業にのみ、朝夕まどいぬるわれら」と押えている。これが「いし・かわら・つぶてのごとくなるわれら」の正意であろう。キリスト教でも『バイブル』に「人はパンだけで生きるものではなく、神の口から出る一つ一つの言葉で生きるものである。」（『マタイによる福音書』四―四）とイエスによって語られているが、趣意は同じであろう。私たちは、飲食を取らなければ生きていけない。そのために、「ただあきないをもし、奉公をもせよ、猟、すなどりをも」しなければならないが、ただそのためだけに生きることを蓮如上人は「罪業にのみ」と厳しく諭している。ここに、そのような飲食だけのために生きる生き方は、仏法に対する罪業であると、蓮如上人は言い放っている。そのような「罪業にのみ」に生きているのが、私たちの現実生活である。その生き様を、具縛の凡愚・屠沽の下類と指摘し、親鸞はそれを「いし・かわら・つぶてのごとくなるわれら」と譬えていると了解すべきである。

以上のことについて、親鸞は、次のように、『正像末和讃』に和讃している。

弥陀の本願信ずべし　本願信ずるひとはみな
摂取不捨《せっしゅふしゃ》の利益にて　無上覚をばさとるなり

（聖典五〇〇頁）

四　真宗の正意

「『大経』の宗致」としての「浄土真宗」に関する事柄としては、親鸞は、この「『大経』の宗致」がそのまま「真宗の正意」であるという確認をもしている。そのことについても、すなわち、浄土真宗における「正意」とは何かについても関説しておきたい。親鸞は、『教行信証』において、二度にわたって「真宗の正意」を確認している。その一つには、「真仏土巻」を終えて、これから「化身土巻」に入るに先立って、次のように確認している。

仮の仏土とは、下にありて知るべし。すでにもって真仮みなこれ大悲の願海に酬報《しゅうほう》せり。かるがゆえに知りぬ、報仏土なりということを。良《まこと》に仮の仏土の業因千差《ごういんせんじゃ》なれば、土もまた千差なるべし。これを「方便化身《けしん》・化土《けど》」と名づく。真仮を知らざるに由《よ》って、如来広大の恩徳を迷失す。これに因《よ》って、いま真仏・真土を顕《あらわ》す。これすなわち真宗の正意なり。（聖典三二四頁）

二つには、「行巻」の終わりに、次のように確認している。

仏土は、すなわち報仏報土なり。これすなわち誓願不可思議、一実真如海なり。『大無量寿経』の宗致、他力真宗の正意なり。（聖典二〇三頁）

この「真宗の正意」については、親鸞の『唯信鈔文意』においても、端的に次のように確認されている。

真実信心をうれば実報土にうまるとおしえたまえるを、浄土真宗の正意とするべしとなり。（聖典五五二頁）

このように、親鸞による「真宗の正意」という用例が見いだされる。これらによって、親鸞の浄土思想にとって「真仏土」こそが「真宗の正意」であることが明示されている。特に、「真仏土巻」の終わりに示されている「真宗の正意」によって、「真仏土」と「方便化身土」との区別を明確にし、浄土についての真仮を峻別するのが、「真宗の正意」であることが知られる。

ちなみに、これについて名畑崇著『『教行信証』成立の背景――顕浄土方便化真土文類私考――』（平成二十三年度、真宗大谷派夏安居講録）の中で、次のように、

ここで一つの想定として、『教行信証』の真仏土巻は選択本願を明らかにした源空の迎えられる真実報土をあらわし、化身土は本願の教えを疑い謗る顕密の学徒が止まる

世界を仮設したものではないか。（二八頁）

と想定し、そのことについて歴史学の立場から文献を比較検討し論考している。

これは、極めて具体的な指摘である。成仏が実現される浄土（仏土）について、すでに周知されているように、『教行信証』において、大悲の本願に酬報する仏土として、第十八願による真仏土と、第十九願による化身土（本）と、第二十願による化身土（末）という三種の仏土が親鸞によって開示されている。真仏土だけでなく、特に、親鸞が方便化身土としての二仏土について諸文献を提示した具体的な意図が、ここに指摘されているといえよう。それは「浄土真宗」の開顕に到りつくまでの仏教が、顕密仏教に集約されているということである。それをあらためて示すならば、親鸞は『教行信証』「真仏土巻」を結ぶにあたって、

良に仮の仏土の業因千差なれば、土もまた千差なるべし。これを「方便化身・化土」と名づく。真仮を知らざるに由って、如来広大の恩徳を迷失す。（聖典三二四頁）

と。このように、仏土（浄土）を峻別したのが、親鸞の浄土観の特徴である。この方便化

身土は、顕密仏教における浄土（仏土）であるという指摘が、名畑崇博士の『講録』でなされている。このことについて、親鸞は、『浄土和讃』「大経意」に、

念仏成仏これ真宗　万行諸善これ仮門
権実真仮《ごんじつしんけ》をわかずして　自然《じねん》の浄土をえぞしらぬ
（聖典四八五頁）

と和讃している。いうまでもなく、「自然の浄土」とは真仏土である。それに続いての方便化身土について略説すれば、「化身土巻」（本）は、

謹んで化身土を顕さば、仏は『無量寿仏観経』の説のごとし、真身観の仏これなり。土は『観経』の浄土これなり。
（聖典三二六頁）

という親鸞の自釈から始まっているように、『観経』における定散二善に代表される自力作善による浄土への往生である。自力作善では浄土が見定められず、死後に何らかの来世を求めざるをえないことになり、再度生まれ変わって修行を続けるという仏道となる。ここには、来世に理想世界を想定するとか、死後に先立った親や子どもと再会するとかなど

という、さまざま人間の分別による来世観も含まれてくるであろう。これについて、親鸞は、『浄土和讃』「大経意」に、

定散《じょうさん》自力の称名は　果遂《かすい》のちかいに帰《き》してこそ
おしえざれども自然に　真如の門に転入《てんにゅう》する　（聖典四八四頁）

聖道権仮《しょうどうごんけ》の方便に　衆生ひさしくとどまりて
諸有《しょう》に流転の身とぞなる　悲願の一乗帰命《きみょう》せよ　（聖典四八五頁）

と和讃して、真仏土への転入・帰命を勧めている。

また、「化身土巻」（末）は、その冒頭において、

それ、もろもろの修多羅《しゅたら》に拠《よ》って真偽《しんぎ》を勘決《かんけつ》して、外教邪偽《げきょうじゃぎ》の異執《いしゅう》を教誡《きょうかい》せば、『涅槃経』（如来性品）に言《のたま》わく、仏に帰依せば、終《つい》にまたその余の諸天神に帰依《きえ》せざれ、と。（聖典三六八頁）

といわれているように、仏に帰依しているはずの自力作善の顕密仏教の出家者すらも、外教の鬼神を尊重している現実を教誡し、浄土に往生することを疑っている人びとにとっての浄土が問われている。ここには、現代でも何の疑念もなく行われ、頼りにならないものを頼りにしようとする神事や祈願や、さらには「死んだら終わりである」という死後観も重なってくるであろう。このことについて、親鸞は、『正像末和讃』「愚禿悲嘆述懐」に、

かなしきかなや道俗の　良時吉日《きちにち》えらばしめ
天神地祇《じぎ》をあがめつつ　卜占祭祀《ぼくせんさいし》つとめとす
（聖典五〇九頁）

と悲嘆している。

五　大乗のなかの至極

すでにたびたび述べたように、釈尊の等正覚によって知見された「縁起するいのち」を、釈尊と同じ地平に立って私たちも生きている縁起的存在であるという事実を確信したからこそ、菩薩たちの誓願は、必然的に成り立っている。したがって、それは根拠のない理想

や夢を語っているような、実現するかしないかもわからないような無責任な誓願ではない。このように、菩薩たちは、自らの誓願の立脚地を確認していたが、しかし、この「すべての衆生を仏に成らしめたい」という誓願を誓願のままに終わらせるのではなく、どのようにしてその誓願を実現していくか。菩薩たちはひたすら誓願したけれども、多くの誓願は、それを実現する具体的な手だて（善巧方便）が明確に説示されないままであった。

この大乗の菩薩たちの誓願が、具体的に実現される巧みな「無上の方便」を説いているのが、すでに解説したように『大経』に説かれている本願である。そこに説かれている浄土思想とは、仏に成りたいと願うならば、願った十方衆生のすべてを仏に成らしめるという本願である。そのために、法蔵菩薩は浄土を建立し、浄土を荘厳し、成仏を願うすべての人びとを、そこにおいて成仏せしめるという目的が、阿弥陀如来の本願として成就し還相回向されているという、「畢竟成仏の道路」を設定した。浄土に往生せしめて仏と成らしめる『大経』に説かれている本願こそが、仏に成りたいと強く欲求しつつ、それに背いて生きている罪悪生死の凡夫という私たち自身に対する「機の深信」においてこそ、善導大師の「法の深信」が語られるのである。それは、次の如くである。

「かの阿弥陀仏の四十八願は衆生を摂受して、疑いなく慮《おもんぱか》りなくかの願力に乗じて、定んで往生を得」と信ず。

（「信巻」聖典二一五～二一六頁）

このように、法蔵菩薩の誓願は、私たちの地平にすでに浄土は建立されていることに基づいている。かつて、この世に浄土を建立しなければならないという理想を語る人がいたが、それは根本的な誤りであろう。浄土を穢土にしているという自らの罪悪性を、自分たちで浄土を建立しようという理想を語ることによって、その罪悪性を自己肯定的に正当化しようとするのは、まさしく自我の邪見憍慢でしかない。浄土はすでに、法蔵菩薩によって建立されている。その浄土を汚し続けて、穢土としているのが私たちである。慚愧以外に何がありえるのだろうか。いうまでもなく、その法蔵菩薩の誓願が、阿弥陀如来の本願として成就しているということも、すでに述べたように、菩薩たちが知見したように、私たちは縁起的存在であるからこそ「自ずから然らしむ」自然の浄土に至り、無上大涅槃の証がそこにおいて実現されるという必然の上に成り立っている。このことについて、親鸞は、『高僧和讃』「善導讃」の中で、次のように詠っている。

信は願より生ずれば　　念仏成仏自然なり
自然はすなわち報土なり　　証大涅槃うたがわず

五濁悪世のわれらこそ　　金剛の信心ばかりにて
ながく生死をすてはてて　　自然の浄土にいたるなれ
（聖典四九六頁）

その法蔵菩薩の誓願の成り立ちについては、たとえば、聖覚法印の『唯信鈔』に述べられている。

阿弥陀如来いまだ仏になりたまわざりしむかし、法蔵比丘ともうしき。そのときに、仏ましましき。世自在王仏ともうしき。法蔵比丘すでに菩提心をおこして、清浄の国土をしめて、衆生を利益せんとおぼして、仏のみもとへまいりてもうしたまわく、「われすでに菩提心をおこして、清浄の仏国をもうけんとおもう。ねがわくは、仏、わがために、ひろく仏国を荘厳する無量の妙行をおしえたまえ」と。そのときに、世自在王仏、二百一十億の諸仏の浄土の人天の善悪、国土の麁妙《そみょう》をことごとくこれをとき、ことごとくこれを現じたまいき。法蔵比丘これをきき、これをみて、悪をえらびて善をとり、麁をすてて妙をねがう。たとえば、三悪道ある国土をば、これをえらびてとらず。三悪道なき世界をば、これをねがいてすなわちとる。自余の願も、これになずらえてこころうべし。このゆえに、二百一十億の諸仏の浄土の中よりすぐれたることをえらびとりて、極楽世界を建立《こんりゅう》したまえり。（中略）これをえらぶこと一期《いちご》の案《あん》にあらず。五劫《ごこう》のあいだ思惟《しゆい》したまえり。かくのごとく、微妙《みみょう》厳浄《ごんじょう》の国土をもうけんと願じて、かさねて思惟したまわく、国土をもうくることは、衆生をみちびかんがためなり。国土たえなりというとも、衆生うまれがたくは、大悲大願の意趣にたがいなんとす。これによりて、往生極楽の別因をさだめんとするに、一切の行みなたやすからず。（中略）これによりて、一切の善悪の凡夫、ひとしくうまれ、ともにねがわしめんがために、ただ阿弥陀の三字の名号をとなえんを、往生極楽の別因とせんと、五劫のあいだふかくこのことを思惟しおわりて、まず第十七に諸仏にわが名字《みょうじ》を称揚《しょうよう》せられんという願をおこしたまえり。

（聖典九一七～九一八頁）

このような神話的な物語が、どうして成り立つのであろうか。そのことについては、すでに説明したように、大乗の菩薩たちの知見を支えている思想的な背景があるからである。多くの人々は、観念的な面倒な思想よりも、具体的で分かり易い物語によって心が動かされる。大乗経典には、『般若経』を始め多くの経典に様々な物語が説かれているのも、そのためである。この法蔵菩薩の物語では、浄土を建立し、浄土を荘厳するだけではなく、さらに、第十七願を立てて、衆生に極楽に往生したいと求める意欲を喚起せしめている。すなわち、証誠護念（諸仏たちが阿弥陀如来の本願に謝りのないことを証明し、念仏者を護ること）の本願である。その第十七願とは、次のようである。

たとい我、仏を得んに、十方世界の無量の諸仏、ことごとく咨嗟《ししゃ》して、我が名を称せずんば、正覚を取らじ。（聖典一八頁）

この願について、親鸞は、次のように『高僧和讃』「曇鸞讃」の中で詠っている。

安楽仏国に生ずるは　畢竟成仏の道路にて
無上の方便なりければ　諸仏浄土をすすめけり（聖典四九三頁）

この和讃から顕らかなように、親鸞は、

浄土真宗は大乗のなかの至極なり。（聖典六〇一頁）

と『末燈鈔』の中で宣言している。大乗の菩薩たちの誓願の中にあって、法蔵菩薩の誓願こそが、無上の方便であり、仏に成りたいと願うすべての衆生を仏に成らしめるための誓願として、具体的に念仏成仏の道が示されている究極的なものであるからこそ、諸仏たちは阿弥陀如来の本願を讃嘆し、その浄土である極楽への往生を推奨している。このことを指して、親鸞は『大経』に説かれている「念仏成仏」を、「大乗のなかの至極」と宣言したのである。

二、「真実教」の引証

一　釈尊の出世本懐

すべての衆生を仏に成らしめ、必ず滅度（大般涅槃）に至らしめる阿弥陀如来の本願を説いている『大経』が、浄土真宗の真実教である。その真実教を説くことが、釈尊がこの世にお生まれになった「出世の本懐」である。そのことを証明するために、「教巻」では、続いて、

何をもってか、出世の大事なりと知ることを得るとならば、（聖典一五二頁）

と問う。すなわち、『大経』に説かれている「真実教」が、釈尊の「出世の大事」であるということを、どのようにして知ることができるのかという問いである。そして、『大経』こそが釈尊の出世本懐の経典であると知られ得る理由を、以下に確認していく。この釈尊の出世本懐については、たとえば、『妙法蓮華経』「方便品」にも説かれているが、親鸞はこのことを念頭において、『大経』こそが釈尊の出世本懐の経典であることを証明しようとしたのではないかと推測されている。そのことは、当時の仏教界にあっては、まさに『妙法蓮華経』に説かれている「一大事の因縁」こそが、釈尊の出世本懐であるという動かし難い認識があったことは、想像に難くないからである。その当時の認識に対して、親鸞は『大経』こそが釈尊の出世本懐であると、そのことのために「何をもってか、出世の大事なりと知ることを得るのか」と問いただしたのである。ちなみに、『妙法蓮華経』「方便品」には、次のように説かれている。

諸仏世尊は、唯一大事の因縁を以ての故にのみ世に出現したまへばなり。（中略）諸仏世尊は、衆生をして仏の知見を開かしめ清浄なることを得せしめんと欲するが故に、世に出現したまう。衆生に仏の知見を示さんと欲するが故に、世に出現したまう。衆生をして仏の知見を悟らしめんと欲するが故に、世に出現したまう。衆生をして仏の知見の道に入らしめんと欲するが故に、世に出現したまう。舎利弗《しゃりほつ》、是れを諸仏は唯一大事の因縁を以ての故に世に出現したまふとなす。（大正九、七頁上）

この「方便品」に説かれている「唯一大事の因縁」という出世本懐と対比するとき、単に『大経』が出世本懐の経典であることを顕示するのではなく、それに先だって、どうしてそれが「出世の大事」と知り得るのかという問いが、親鸞によってなされている。出世本懐と簡単にいうけれども、どうしてそれが出世本懐であると知ることができるのかと問われている。これに対して、この「方便品」では、「仏の知見」を開示することが出世本懐とされているが、どうしてそれが出世本懐であると知り得るのかという問いが、そこでは欠落している。このような問いがなされるとき、誰にとっての「真実教」であるかが明らかとなる。すなわち、機と法が一体となり、その問いが出世本懐と直結して、「真実教」を説く説者世尊と、それを聞思する聞者阿難が主体化されるのである。

かくして、「真実教」の説者である釈尊と、それを聞きたいと願う聞者である阿難との関係が、『大経』によって確認される。したがって、「真実教」を顕示する「教巻」では、

『大経』という経典の全体像を論じることなく、釈尊と阿難との出遇いが説かれている部分（科文では「発起序」）のみを引文して、それだけで「真実教」を顕らかにする「教巻」の全体となっている。その理由は、釈尊説法の出世本懐である本願に導かれて仏道を歩もうとする阿難と釈尊との問答において、「如来興世の正説」であり「時機純熟の真教」である「真実教」の立脚地が、そこに示されているからである。そして、その仏道が、「真実行」を顕らかにする「行巻」以下の五巻において詳説されようとしているからである。

まず、『大経』においてこそ「真実教」が説かれ、それが釈尊の出世本懐であると知り得る理由が、阿難による釈尊への讃嘆によって表明される。それは次のようである。

『大無量寿経』に言《のたま》わく、今日世尊、諸根悦予《えつよ》し姿色清浄《ししきしょうじょう》にして、光顔魏魏《こうげんぎぎ》とましますこと、明らかなる鏡、浄《きよ》き影表裏《ひょうり》に暢《とお》るがごとし。威容顕曜《いようけんよう》にして、超絶《ちょうぜつ》したまえること無量なり。未だかつて瞻覩《せんと》せず、殊妙《しゅみょう》なること今のごとくましますをば。ややしかなり。大聖、我が心に念言《ねんごん》すらく、「今日、世尊、奇特《きどく》の法に住したまえり。今日、世雄《せおう》、仏の所住に住したまえり。今日、世眼《せげん》、導師の行に住したまえり。今日、世英《せよう》、最勝の道《どう》に住したまえり。今日、天尊、如来の徳を行じたまえり。去来現《こらいげん》の仏、仏と仏とをあい念じたまえり。今の仏も諸仏を念じたまうこと、なきことを得んや。何がゆえぞ威神《いじん》の光、光いまし爾《しか》る」と。

（「教巻」聖典一五二～一五三頁）

まず、いつも世尊に付き従っている仏弟子の阿難が問いを発する。今日の釈尊は、いつもの釈尊の様子とは相異していると。すなわち、様々な説法をされてきたこれまでの釈尊の様子とは異なり、身体は悦びにあふれ、清らかに光り輝いている。このような釈尊のお姿をこれまで観たことがないと、阿難が五徳をもって讃嘆する。ここには、釈尊はこれまでも種々の説法をされてきたが、それとは異なる殊勝な説法が、これから説かれようとしている、すなわち、釈尊の出世本懐が説かれようとしている。阿難の問いは、そのことを示唆している。そして、三世の諸仏たちは、後仏は前仏を念じて説法するように、釈尊も諸仏を念じて説法されてこられたのに、どうして今日は、そのように殊勝に光り輝いているのでしょうかという阿難の問いには、今は釈尊が阿弥陀如来を念じて説法されようとしているという殊勝性が表現されているといえよう。

二　入大寂定

『大経』には釈尊の五徳が説かれているが、『大経』の異訳本である『平等覚経』や『大阿弥陀経』や『荘厳経』には、この五徳に相当する所説はない。ただ、『如来会』では、それに相当する所説が、次のように簡便に説かれている。

世尊、今は大寂定《だいじゃくじょう》に入りて如来の行を行じ、皆悉く円満して、善能く大丈夫の行を建立し、去・来・現在の諸仏を思惟したまう。世尊、何が故ぞ、斯の念に住したまうや。（真聖全一、一八六頁）

ここに、五徳が、端的に「大寂定に入りて、如来の行を行ず」と説かれている。これは従来から五徳を要約した表現であると見なされている。親鸞は、そのことを『浄土和讃』「大経意」において、

大寂定にいりたまい　如来の光顔たえにして
阿難の恵見をみそなわし　問斯恵義《もんしえぎ》とほめたまう（聖典四八三頁）

と詠っている。

ここに説かれている「大寂定」の寂とは、いうまでもなく、寂滅のことであり、煩悩の苦悩が寂滅した涅槃・空の境涯のことである。したがって、大寂とは、大般涅槃のことである。また、定とは、禅定・三昧のことである。禅定の中で大般涅槃、すなわち、その内実である「本性として空であること（本性空性）」が、瞑想の中で体現されている大寂定である。その「大寂定に入る」とは、回向思想の上でいえば、往相回向の世界であり、そこから還相回向としての「如来の行を行じ」るのであり、具体的には、阿弥陀如来の本願力としての二種の回向である。このような二種の回向は、大寂定という「空」の思想においてこそ可能となる。それが、『大経』に、

去・来・現の仏、仏と仏を相念じたまえり。今の仏も諸仏を念じたまうことなきことを得んや。（聖典七頁）

と説かれ、『如来会』に、「去・来・現在の諸仏を思惟したまう」（真聖全一、一八六頁）と説かれている仏仏相念の世界である。しかも、その「大寂定に入りて、如来の行を行じ」（真聖全一、一八六頁）ると、すなわち、その涅槃・空性に停滞することなく如来の行を行じ

る、如来として世に出現して大悲の行を行じるのである。

大乗仏教において大寂定といえば、大乗仏教の基本である智慧によって空性を獲得する般舟三昧のことである。その般舟三昧とは、『般舟三昧経』（小品）に、次のように端的に説かれている。

念仏を用いるが故に、空三昧を得る（用念仏故　得空三昧）（大正一三、九〇五頁中）

このように、阿弥陀仏を憶念することによって、空が三昧において得られると説かれているのが、大乗仏教の伝統的な基本である。さらに確認すれば、このことは、『観無量寿経』においても伝承されている。『観無量寿経』の終わりのところで、韋提希夫人が念仏成仏する様子が説かれている。従来から「見仏得忍」とされている箇所である。それは、次のようである。

（阿弥陀仏の）仏身および（観音・勢至の）二菩薩を見たてまつることを得て、心に歓喜を生ず。未曾有なりと歎ず。廓然《かくねん》として大きに悟りて、無生忍を得。（括弧筆者、聖典一二一頁）

ここに説かれている無生忍とは、説明するまでもなく、大寂定・空三昧において得られる無生（私は縁起的存在であるから、私が生きているのではなく、生かされている私である）という認識のことである。韋提希は、この無生忍によって必ず浄土に往生して仏と成る身であることを確認したからこそ歓喜したのである。このことについては、すでに詳説したとおりである（拙著『小川一乗仏教思想論集』「第四巻・浄土思想」一〇八頁以下、法藏館。『大乗仏教の根本思想』四五四頁以下、法藏館などを参照）。

ちなみに、この大寂定について、山口益著『仏教学序説』の中で、次のように説明されている。

親鸞は、教行信証の教巻に、「真実の教を顕わさば大無量寿経是れなり」といわれるが、その教えとしての無量寿経を摘要するために、五徳瑞現をもって始まる別序の文を示していられることは、注意すべき点であると思う。その五徳瑞現の境地を、親鸞は大経和讃に、

大寂定に入りたまひ
如来の光顔たへにして

云々といって、唐訳無量寿如来会の語によって釈尊が大寂定への入定を讃じていられ

る。大寂定の寂とは、仏教の通規としては、寂滅（nivṛtti）であり、寂静（śānta）であるが、そういう寂とは、いうまでもなく、凡夫二乗の思慮分別智の寂滅であり、従って空不可得第一義の般若の境地が、大寂定といわれていることは、いうまでもない。そして、五徳瑞現の境地が

去来現の仏、仏と仏と相念じたまえり。今の仏も、諸仏を念じたまうこと無きことを得んや。

と述べられているが、その大寂定の般若の境地は、法華経方便品の語でいえば、「唯、仏と仏と乃し能く窮尽したまえり」の世界であり、すなわち、今いう「仏仏相念」の世界である。（一一六頁）

三　阿難の慧見

次に、このような五徳をもって釈尊を讃嘆して問う阿難に対して、釈尊は次のように告げて、反問する。

ここに世尊、阿難《あなん》に告げて曰《のたま》わく、「諸天の汝を教えて来《きた》して仏に問わしむるか、自

ら慧見《えけん》をもって威顔《いげん》を問えるか」と。阿難、仏に白《もう》さく、「諸天の来《きた》りて我を教うる者、あることなけん。自ら所見をもって、この義を問いたてまつるならくのみ」と。仏の言《のたま》わく、「善いかな阿難、問えるところ甚《はなは》だ快し。深き智慧、真妙《しんみょう》の弁才《べんざい》を発《おこ》して、衆生を愍念《みんねん》せんとして、この慧義《えぎ》を問えり。如来、無蓋《むがい》の大悲をもって三界《さんがい》を矜《こう》哀《あい》したもう。世に出興《しゅっこう》する所以《ゆえ》は、道教を光闡《こうせん》して、群萠《ぐんもう》を拯《すく》い、恵むに真実の利をもってせんと欲《おぼ》してなり。無量億劫に値《もうあ》いがたく、見たてまつりがたきこと、霊瑞華《れいずいけ》の時あって時にいまし出《い》ずるがごとし。今問えるところは饒益《にょうやく》するところ多し。一切の諸天・人民《にんみん》を開化《かいけ》す。阿難、当《まさ》に知るべし、如来の正覚はその智量《はか》りがたくして、導御《どうご》したまうところ多し。慧見無碍《むげ》にして、よく遏絶《あつぜつ》することなし」と。已上

（「教巻」聖典一五三頁）

この「阿難の慧見」に関して、親鸞は、『大経』の異訳本である『如来会』と『平等覚経』からも、その部分を引証している。

『無量寿如来会』に言わく、阿難《あなん》、仏に白《もう》して言《もう》さく、「世尊、我如来の光瑞希有《こうずいけう》なるを見たてまつるがゆえに、この念を発《おこ》せり。天等に因《よ》るにあらず」と。仏、阿難に告

げたまわく、「善いかな、善いかな。汝、今快《よ》く問えり。よく微妙《みみょう》の弁才《べんざい》を観察《かんざつ》して、よく如来に如是《にょぜ》の義を問いたてまつれり。汝、一切如来・応・正等覚および大悲に安住して、群生《ぐんじょう》を利益せんがために、優曇華《うどんげ》の希有《けう》なるがごとくして、大士《だいじ》世間に出現したまえり。かるがゆえにこの義を問いたてまつる。また、もろもろの衆生を哀愍《あいみん》し利楽《りらく》せんがためのゆえに、よく如来に如是の義を問いたてまつれり」と。已上

（「教巻」聖典一五三〜一五四頁）

『平等覚経』に言わく、仏、阿難に告げたまわく、「世間に優曇鉢樹《うどんばつじゅ》あり、ただ実《み》ありて華《はな》あることなし、天下《てんげ》に仏まします、いまし華の出《い》ずるがごとしならくのみ。世間に仏ましませども、はなはだ値《もうあ》うことを得ること難《かた》し。今、我仏に作《な》りて天下に出でたり。もし大徳ありて、聡明《そうみょう》善心にして仏意を知るによって、もしわすれずは、仏辺にありて仏に侍《つか》えたてまつるなり。もし今問えるところ、普《あまね》く聴《き》き、諦《あき》らかに聴《き》け」と。已上

（「教巻」聖典一五四頁）

阿難の問いに対して、釈尊は、その問いが阿難自身の慧見から発せられたのか、諸天に教えられて発せられたのかを尋ねる。なぜ釈尊は、阿難に対してそのように反問したのであろうか。釈尊はいまこそ、すべての衆生のために「恵むに真実の利をもってせんと欲し

て」阿弥陀如来の本願を説こうとしていた心中を、阿難によって見抜かれたからといえよう。そうであるからこそ、阿難の問いを慧見と讃えているのである。慧見とは、『大経』のサンスクリット原文によれば、mīmāṃsājñāna という言語であり、「審察の智」という語意である。それについて、『大経』では「深き智慧」と説かれ、『如来会』では「微妙の弁才を観察して」と説かれ、『平等覚経』では「仏意を知る」と説かれている。それが釈尊にとって待ちに待った問いであったことが知られる。それに対して、阿難は、私自身が釈尊に問いを発したのであると応答すると、まさにすべての衆生のために阿弥陀如来の本願を説き明かそうとしていた釈尊であるからこそ、その阿難の問いが、阿難自身という明確な聞者によって代弁されているすべての衆生のために発せられた問いであると、釈尊は阿難を「衆生を愍念せんとして、この慧義を問えり」と讃えるのである。阿難は、仏弟子たちの中にあって多聞第一と称えられているように、つねに釈尊に侍して多くの説法を聞いてきた。そのような阿難であるからこそ、「仏意を知る」慧見によって発することができた問いである。視点を変えていえば、釈尊を尊崇してやまない阿難と、阿難に対して親愛の想いを抱いていた釈尊との、特別な信頼関係の上に成り立っている機法一体の問答であるともいえよう。

しかし、この釈尊と阿難との問答によって、釈尊の出世本懐である「真実教」を説こうとする説者釈尊と、まさしくその「真実教」に出遇うことを求めてやまない聞者阿難との間には、主体的な信頼関係だけでなく、「聞思して遅慮することなかれ」（「総序」聖典一五〇頁）という緊張感が満ちあふれているように思える。このような説者と聞者との間にある信頼と緊張においてのみ、本当の意味で出世本懐ということは成り立つというべきである。そうでなければ、出世本懐がどのように説かれようとも、それは聞者なき単なる教説でしかなく、出世本懐それ自体が空説・空理となってしまうことになろう。ここに、阿難が「自らの所見をもって、この義を問いたてまつる」と答えていることの重大性は明らかである。この阿難の問いがなければ、釈尊の出世本懐は説かれえず、したがって、それを知り得べくもなかったであろう。これは、『観無量寿経』において、釈尊の出世本懐が、

時に韋提希《いだいけ》、仏に白《もう》して言《もう》さく、「世尊、このもろもろの仏土、また清浄にしてみな光明ありといえども、我いま極楽世界の阿弥陀仏の所《みもと》に生まれんと楽《ねが》う。唯《やや》、願わくは世尊、我に思惟《しゆい》を教えたまえ、我に正受《しょうじゅ》を教えたまえ。」その時に世尊、すなわち微笑《みしょう》したまうに、五色の光ありて仏の口《みくち》より出《い》ず。一一の光、頻婆娑羅《びんばしゃら》の頂《いただき》を照らしたまう。その時に大王、幽閉《ゆうへい》にありといえども、心眼障《しんげんさわり》なくして、はるかに世尊を見たてまつりて、頭面《ずめん》に礼《らい》を作《な》す。（聖典九三〜九四頁）

と説かれている。その中における「すなわち微笑したまうに（即便微笑）」ということにも通じている。法を説こうとしている釈尊に対する阿難の慧見は、説法を切望する韋提希に対する釈尊の微笑となる。この出世本懐について、親鸞は、『浄土和讃』「大経意」において、次のように和讃している。

尊者阿難座よりたち　世尊の威光を瞻仰《せんごう》し
生希有心《しょうけうしん》とおどろかし　未曾見《みぞうけん》とぞあやしみし
如来の光瑞希有《こうずいけう》にして　阿難はなはだこころよく
如是之義《にょぜしぎ》ととえりしに　出世の本意あらわせり
（聖典四八三頁）

このように、釈尊は阿難の慧見を讃嘆した上で、自らの出世本懐を説いている。すなわち、次のようである。〝釈迦如来が覆い隠されることのない大悲をもって、まよいの世界に苦悩する衆生を哀れんで、世に出興したのは、真実の教えを明らかにして、群萌であるすべての衆生を救わんがために、真実の利を恵もうと欲したからである。遇いがたく見がたいこと、あたかも、時あって咲く優曇鉢羅の華のごとくである。今の問いの利益ははなはだ多く、すべての衆生を苦悩から解きはなつであろう。阿難よ、まさに知るべきである。釈迦如来の正覚の智慧は量りがたく、それによって導かれるところは多い。阿難の慧見（審察の智）は無碍であり、それが遮られることはない〟、と。

　このことを実現したのが、まさしく阿難の問いであり、それを慧見と讃えたのが釈尊であった。

　このことについて、親鸞は、『浄土和讃』「大経意」に、次のように詠っている。

如来興世の本意には　本願真実ひらきてぞ
難値《なんち》難見《なんけん》とときたまい　猶《ゆ》霊瑞華《れいずいけ》としめしける
（聖典四八三頁）

また、この出世本懐について、親鸞は、『高僧和讃』「善導讃」においても、次のように詠っている。

経道滅尽《きょうどうめつじん》ときいたり　如来出世の本意なる
弘願《ぐがん》真宗にあいぬれば　凡夫《ぼんぶ》念じてさとるなり
（聖典四九五頁）

四　顕真実教

親鸞は、「教巻」の最後に、次のように述べて巻を結んでいる。

しかればすなわち、これ顕真実教の明証《みょうしょう》なり。誠にこれ、如来興世の正説《しょうせつ》、奇特《きどく》最勝の妙典《みょうでん》、一乗究竟《くきょう》の極説《ごくせつ》、速疾円融《そくしつえんゆう》の金言《きんげん》、十方称讃の誠言《じょうごん》、時機純熟の真教なり。知るべし、と。

（聖典一五四〜一五五頁）

この「教巻」の結文には、『大経』に説かれている釈尊の出世本懐こそが、すべての衆生のための「真実の利」である阿弥陀如来の本願を説き明かすことであったと、それを確認し得た親鸞の感激が述べられている。「誠にこれ」と、六句からなる讃仰が語られているが、それらは、これまでの明証によって、本願力回向を説く『大経』が「真実教」であることが顕らかにされたことに対する、親鸞自身の『大経』にささげる謝念の表明であるともいえよう。

おわりに

浄土真宗は、「念仏成仏」の教えである。「念仏成仏」とは、いうまでもなく、念仏を称えるという功徳によって成仏という利益を得るという仏道ではない。親鸞が顕らかにした「念仏成仏」とは、阿弥陀仏を憶念する「南無阿弥陀仏」を本願よりいただいて、すでに仏と成る身であることを信じて歓喜する仏道である。親鸞にとって「歓喜」とは、いまだ得ていないが、必ず得られることを喜ぶこととされている。その歓喜の仏道が、本願力の二種回向における往相回向の仏道である。親鸞は、その「念仏成仏」という仏道について、『教行信証』「行巻」の中で、次のように説明している。

これ凡聖《ぼんしょう》自力《じりき》の行《ぎょう》にあらず。かるがゆえに不回向の行と名づくるなり。大小の聖人・重軽《じゅうきょう》の悪人、みな同じく斉《ひと》しく選択《せんじゃく》の大宝海に帰して、念仏成仏すべし。

（聖典一八九頁）

この「念仏成仏」について、親鸞は、『浄土五会念仏略法事儀讃』の中の「念仏成仏是真宗」（大正四七、四七九頁下）という一句を、『教行信証』「行巻」や『入出二門偈頌文』に引用し、和讃の中でも「念仏成仏これ真宗」（『浄土和讃』「大経意」聖典四八五頁）と詠われている。また、「念仏成仏自然なり」（『高僧和讃』「善導讃」聖典四九六頁）とも詠われている。特に、『入出二門偈頌文』においては、「念仏成仏是真宗」は、

円教の中の円教なり。すなわちこれ頓教の中の頓教なり。（聖典四六六頁）

と讃嘆されている。いうまでもなく、円教とは、「完成された教え」ということであり、頓教とは、「速やかに仏と成る教え」ということである。ちなみに、ここに指摘した二首の和讃とは、次のようである。

念仏成仏これ真宗　　万行諸善これ仮門
権実真仮をわかずして　　自然の浄土をえぞしらぬ（聖典四八五頁）

と詠われ、念仏成仏と自然の浄土との関係が明示されている。また、

信は願より生ずれば　念仏成仏自然なり
自然はすなわち報土なり　証大涅槃うたがわず
（聖典四九六頁）

と詠われ、念仏成仏と自然の浄土と真実報土と証大涅槃との関係が明示されている。これらの関係については、あらためて説明するまでもなく、これまでの論究において確認されている。

この「念仏成仏」という仏道において、成仏（仏に成ること）とはどういうことであるか。そのことは、釈尊の「証・等正覚」とは何か、仏智とは何かが確認されなければ明らかにならない。たとえば、仏教では初期経典であれ大乗経典であれ、「世尊」とは釈尊の尊称であるが、密教経典では「世尊」とは大日如来を意味するようになる。このように、同じく「世尊」と呼称しても、その意味内容は変質しているが、仏教の基本語である「成仏」に対しても、それと似た現象が起こっていないであろうか。「成仏」とはどういうことかが曖昧模糊となっている現状があるとすれば、そこでは「成仏」について、仏法に基づかない恣意的な解釈が蔓延するであろうことは、容易に予想できるからである。そのような状況になっていないであろうか。幸いにも、明治以降に導入された近代仏教学という学問によって解明されつつある叡智に導かれて、仏教における「成仏」とはどういうことであるかは現在的に確認することができる。それに基づいて、親鸞の「真実証」を論究し、「成仏」を求めるすべての人びとを仏と成らしめる「念仏成仏」という仏道を解明した。その上で、そのための「真実教」についても論究したのが本書である。

「成仏」という問題は、親鸞在世の時代では、顕密仏教といわれている日本天台宗と真言宗ではどのようであったか。天台宗の伝教大師最澄は「三劫成仏」（無限に長い時間修行して、はじめて覚ることができる）と説き、『菩薩瓔珞経』に説かれている五十二位の菩薩道を取り入れた難行の仏道に立っていた。それは釈尊の等正覚の智慧を了解した上での仏道であったのか。それとも、その仏智を確認しないままで、それを暗中模索するための仏道であったのか。また、真言宗の弘法大師空海は『即身成仏義』を著し、「即身成仏」（現在のこの身体のままで、覚りを開いて仏に成る）と説き、その手段として、身に印契を結び、口に真言を誦し、心に曼荼羅（本尊）を観じるという、身・口・意の三密によって、大日如来（六大法身）と私たちの身体（六大所成）が一体となる唯物的な仏道に立っていた。このような真言宗における「即身成仏」は、インドの正統バラモン教における「梵我一如」という解脱論と重なる。「梵」とは、宇宙の根本原理のことであり、「我」とは、私たち一人ひとりの個人の本体のことであり、その両者は同一不変であるという思想である。親鸞は『愚禿鈔』（聖典四二四頁）の中で、この「即身成仏」を頓教（速やかに仏と成る教え）の中の堅超と位置づけている。堅超とは、自力という人間の自我を頼りとして仏に成ることを目指す教えである。これに対して、「念仏成仏」は頓教の中の横超であり、阿弥陀如来の「本願力回向」（本願力による二種回向）によって仏と成る教えである。このように、親鸞は、「即身成仏」を頓教の一つとしているが、それは人間の業に苦悩する凡夫・群萌という「愚」の自覚に立つ衆生の側の現実が希薄な証果であるといえる。ともかくも、これら顕密仏教における「成仏」に対する当時の状況は、すでに引用した聖覚法印の『唯信鈔』（本書一〇八～一〇九頁）の中に、その一端が伝えられている。

このような「三劫成仏」とか「即身成仏」という当時の顕密仏教における「成仏」に対して、「念仏成仏」という浄土真宗を顕らかにし、それを完成させたのが親鸞である。あらためて附言すると、「念仏成仏」とは、『歎異抄』によるならば、

本願を信じ、念仏をもうさば仏になる。（聖典六三一頁）

ということである。したがって、もし仏に成るという目的が問われないままの念仏は、空虚な言葉だけの称名となってしまうであろう。もしくは、「成仏」のための念仏ではなくなり、死者への追善供養のため（父母の孝養のため）の念仏とか、現世利益（仏教ヒュー

マニズム）を祈るための念仏とか、他の目的のために念仏を利用することになってしまうであろう。

親鸞の教えをいただいて生きる者であると自認するならば、私は仏に成りたいと心底から「成仏」を求めているであろうかと、「成仏」への自己確認なくして「念仏」はありえない。それが「念仏成仏」ということである。それを明らかにするために、仏教の仏道体系における「成仏」とはどういうことであるかを、近代仏教学の学問的叡智に導かれながら、現在的に確認する試みをしたのが本書である。『教行信証』「証巻」に対する取り組みが少ない真宗教学の現状に鑑みて、「釈尊の『証』から親鸞の『真実証』へ」を課題としたのが本書である。

あとがき

本書は、日ごろ問い続けている課題について書き留めた原稿を編纂したものです。編纂にあたっては、かつて、京都教区山城地区教化委員会主催の連続講義（二年間二十回）を編集した『大乗仏教の根本思想』（法藏館）の出版に際して、最初から最後までご尽力くださった和田真雄氏から、貴重な助言をいただきました。心からお礼を申しあげます。

表紙絵については、法友である畠中光享画伯にお願いしましたところ、快く引き受けてくださいました。日ごろの友情に深く感謝しています。

本書の編集にあたっては、法藏館の戸城三千代さんのお世話になりました。ありがとうございました。

最後になりましたが、本書の出版を引き受けてくださいました法藏館主西村明高氏に謝意を表します。

二〇一四年五月二〇日

小川一乗

小川　一乗（おがわ　いちじょう）
1936年、北海道に生まれる。1965年、大谷大学大学院博士課程満期退学。大谷大学学長、真宗大谷派教学研究所所長を歴任。
現　在
大谷大学名誉教授、真宗大谷派講師、真宗大谷派西照寺住職、文学博士。
著　書
『インド大乗仏教における如来蔵・仏性の研究』『空性思想の研究』『仏性思想』『五如理論』『大乗仏教の原点』『さとりとすくい』
以下、法藏館より『大乗仏教の根本思想』『仏教からの脳死・臓器移植批判』『仏教に学ぶいのちの尊さ』『慈悲の仏道』『仏教からみた「後生の一大事」』『仏教からみた往生思想』『小川一乗講話選集』（全３巻）、『親鸞と大乗仏教』『小川一乗仏教思想論集』（全４巻）ほか。

仏教のさとりとは――釈尊から親鸞へ――

二〇一四年八月二〇日　初版第一刷発行

著　者　小川一乗
発行者　西村明高
発行所　株式会社　法藏館
京都市下京区正面通烏丸東入
郵便番号　六〇〇-八一五三
電話　〇七五-三四三-〇〇三〇（編集）
〇七五-三四三-五六五六（営業）

装画・装幀　畠中光享
印刷　立生株式会社　製本　新日本製本株式会社

ISBN 978-4-8318-8727-6 C1015

索　引

この索引の項目には、引用文献名、本文の記述を要約して表示したもの、本文の記述を一部変更して表示したものなどを含む。索引項目が表示した頁にあることを示している。

あ――

い・う――

え――

お――

こ——

さ——

し——

す・せ――

そ――

た――

ち・つ・て——

と——

な——

に——

ね――

の・は――

ひ――

ふ――

へ・ほ――

ま――

み――

む――

め・も――

や――

ゆ・よ――

り――

る・れ・ろ――

わ――